Le droit des personnes

AF859517

PILON

Connaissance du droit

collection fondée par

Jean-Luc Aubert
agrégé des Facultés de droit

dirigée par

Philippe Jestaz
professeur à l'Université de Paris Val-de-Marne (Paris XII)
membre de l'Institut universitaire de France

PPN 074760963

Le droit des personnes

2e édition
2003

Ka 12
GAR

Thierry Garé
professeur à la Faculté de droit
de l'Université des sciences sociales de Toulouse

BIBLIOTHÈQUE DE L'UNIVERSITÉ PARIS NORD ★
Av. J.-B.-Clément
93430
VILLETANEUSE

A 235096 P

DALLOZ

Le pictogramme qui figure ci-contre mérite une explication. Son objet est d'alerter le lecteur sur la menace que représente pour l'avenir de l'écrit, particulièrement dans le domaine de l'édition technique et universitaire, le développement massif du photocopillage.

Le Code de la propriété intellectuelle du 1er juillet 1992 interdit en effet expressément la photocopie à usage collectif sans autorisation des ayants droit. Or, cette pratique s'est généralisée dans les établissements d'enseignement supérieur, provoquant une baisse brutale des achats de livres et de revues, au point que la possibilité même pour les auteurs de créer des œuvres nouvelles et de les faire éditer correctement est aujourd'hui menacée.

Nous rappelons donc que toute reproduction, partielle ou totale, de la présente publication est interdite sans autorisation de l'auteur, de son éditeur ou du Centre français d'exploitation du droit de copie (CFC, 20, rue des Grands-Augustins, 75006 Paris).

DALLOZ

31-35, rue Froidevaux, 75685 Paris cedex 14

Le Code de la propriété intellectuelle n'autorisant, aux termes de l'article L. 122-5, 2° et 3° a), d'une part, que les « copies ou reproductions strictement réservées à l'usage privé du copiste et non destinées à une utilisation collective » et, d'autre part, que les analyses et les courtes citations dans un but d'exemple et d'illustration, « toute représentation ou reproduction intégrale ou partielle faite sans le consentement de l'auteur ou de ses ayants droit ou ayants cause est illicite » (art. L. 122-4).

Cette représentation ou reproduction, par quelque procédé que ce soit, constituerait donc une contrefaçon sanctionnée par les articles L. 335-2 et suivants du Code de la propriété intellectuelle.

© ÉDITIONS DALLOZ – 2003

Avant-propos

Contrairement à l'idée qu'en ont souvent les juristes, le droit des personnes est l'une des plus importantes branches du droit car il régit, et en même temps protège, ce qu'il y a de plus précieux sur terre : l'homme. Ainsi, dans notre société de plus en plus automatisée, de plus en plus scientiste, de plus en plus médiatisée bref, trop souvent déshumanisée, le droit des personnes constitue-t-il à la fois un signe fort de la primauté de l'humain et un outil important de sa protection.

Pour aborder l'étude du droit des personnes, une triple démarche introductive s'impose. Il faut, d'abord, définir la notion de personne ; donner, ensuite, un aperçu rapide de l'évolution historique, puis délimiter la matière étudiée.

Pour le juriste, les personnes sont les sujets de droits c'est-à-dire les êtres qui jouissent de la personnalité juridique et qui, comme tels, peuvent être titulaires de droits et d'obligations. Le terme *personne* désigne, en premier lieu, les êtres humains. Il exclut les choses et les animaux qui n'ont pas la personnalité juridique et sont de simples objets de droits. Depuis l'abolition de l'esclavage, tous les êtres humains sont des personnes. Mais toutes les personnes ne sont pas des êtres humains. Il existe, en effet, deux catégories de personnes : les personnes physiques (les êtres humains) et les personnes morales, qui sont des groupements de personnes ou de biens auxquels la loi reconnaît la qualité de sujets de droits. Longtemps ignorée par le Code civil, la personnalité morale des groupements a été contestée par plusieurs auteurs anciens. Ainsi Planiol opposait-il les personnes réelles, les êtres humains, et les personnes fictives: les groupements. Même si l'on admet aujourd'hui que la personnalité morale est une réalité (v. *infra,* p. 11), il faut se garder de toute assimilation. Les personnes physiques et les personnes morales ne peuvent être placées sur un même plan, et cela pour plusieurs raisons. D'une part, nombre des attributs que la loi reconnaît aux personnes physiques perdent toute consistance ou toute portée lorsqu'on les applique aux personnes morales. Il en est ainsi de la protection de la vie privée, de l'image, de l'honneur... D'autre part, alors que la reconnaissance de la personnalité morale aux groupements s'inspire de considérations pour l'essentiel utilitaristes, la personnalité des personnes physiques reflète la condition humaine. Enfin, à la différence des personnes morales qui sont susceptibles d'organisations multiples, le concept de personne physique est profondément unitaire: s'il existe une pluralité de personnes morales (v. *infra,* p. 9), il n'existe qu'une personne physique dont le Code civil affirme la primauté et la dignité (art. 16) et à laquelle il offre la protection de la loi.

Le droit des personnes physiques a, pendant très longtemps, été dominé par l'inégalité et la dépendance. L'inégalité, parce que la France de l'Ancien Régime n'était pas conçue comme la réunion de citoyens égaux. La condition de chacun était déterminée par le rôle qu'il jouait dans la société: certains combattaient, d'autres priaient, et d'autres enfin travaillaient. La société se composait donc de plusieurs ensembles de personnes, dénommés « corps » ou « états » dont chacun avait sa fonction et son droit propres.

La dépendance, en raison de l'opposition qui a longtemps existé entre les personnes libres et celles qui ne l'étaient pas. **À Rome**, la capture ou la naissance d'une mère esclave sont les deux sources principales de l'esclavage. L'esclave est considéré juridiquement comme une chose, il est objet de droits. Mais sa nature humaine n'est pas totalement ignorée. Ainsi, lorsqu'il revendique sa liberté, l'esclave dispose d'un représentant chargé de défendre ses intérêts en justice. De même, sous l'empereur Claude, le meurtre d'un esclave innocent était-il sanctionné. **L'ancien droit** français connaissait lui aussi l'esclavage, notamment à l'époque franque. Mais, sous l'influence de l'Église catholique, il disparaît peu à peu pour faire place au servage. Institution étroitement liée à la féodalité, le servage place le serf sous la dépendance du seigneur. Sans doute n'est-il pas libre, mais il est juridiquement devenu une personne. Ainsi, dès le XIIIE SIÈCLE, bien qu'il soit soumis à d'importantes incapacités, le serf possède un patrimoine, il a le droit de se marier et d'ester en justice. Au XVIe siècle, le servage a quasiment disparu en France au point que Loysel pouvait écrire, dans les *Institutes coutumières:* « Toutes personnes sont franches en ce roïaume, et si tost qu'un esclave a atteint les marches d'icelui, se faisant baptiser, est affranchi. » L'expansion coloniale s'accompagnera d'un retour de l'esclavage dans les colonies d'Amérique (Code noir: édit du 16 mars 1685). Mais cet esclavage n'était pas admis dans ce qui est aujourd'hui la métropole: « si quelque habitant de nos colonies amène en France avec lui quelqu'un de ses esclaves, il doit faire déclaration à l'amirauté qu'il ne l'amène point pour rester en France et qu'il entend le renvoyer dans un certain temps à la colonie; faute de quoi l'esclave acquerroit de plein droit la liberté par son séjour en France » affirmait le roi dans une déclaration du 9 août 1777. **Bonaparte** maintiendra le Code noir, et l'esclavage ne sera définitivement aboli en France que par le décret du 27 avril 1848.

L'histoire des personnes morales débute, quant à elle, à la **période romaine**. Pour être associées à l'Empire romain, certaines villes se voient reconnaître une existence juridique autonome, et des droits identiques à ceux dont disposent les personnes physiques: droit d'ester en justice, possibilité d'avoir un patrimoine, de conclure des contrats... C'est le système de l'*universitas* qui sera peu à peu étendu aux églises chrétiennes, aux monastères et aux fondations. La reconnaissance par l'autorité publique confère à l'*universitas* la personnalité juridique. Elle est un être juridique distinct des membres qui la composent;

elle dispose d'un patrimoine propre, peut conclure des contrats, recevoir des legs et agir en justice. En dépit d'une réticence certaine de **l'Ancien Régime**, le système de la personnalité morale s'est maintenu dans l'ancien droit. Mais **la Révolution** portera aux personnes morales de droit privé un coup sévère, par la dissolution des corporations et des congrégations. Pourtant **le Code civil**, dont l'article 1832 définit le contrat de société, redonnera vigueur à la personnalité morale qui ne cessera de trouver de nouvelles applications.

Reste à savoir ce que recouvre le droit des personnes. La question est plus complexe qu'il y paraît. En effet, que ce soit comme personne physique ou comme personne morale, la personne est au cœur de toutes les activités juridiques. Le propriétaire d'une chose est toujours une personne. Le mariage est toujours l'union légale de deux personnes. Le contrat et la responsabilité engendrent un lien de droit entre le créancier et le débiteur, le responsable et la victime… qui sont aussi toujours des personnes. Dès lors faut-il admettre que toutes ces activités relèvent du droit des personnes ? La réponse ne peut être que négative sous peine de voir le droit des personnes engloutir les autres branches du droit et mourir de gigantisme. Il faut donc, dans un premier temps, procéder par élimination. Le droit des personnes se distingue du droit des obligations ; il ne comprend pas le droit de la famille et ne se confond pas avec le droit des biens. Mais alors que recouvre-t-il ? Le critère pourrait bien être que le droit des personnes saisit l'individu en lui-même, en dehors de toute appréhension de son activité juridique qui relève, quant à elle, d'autres branches du droit. Il est un droit de l'individu considéré en lui-même, et non dans les diverses qualités que peut lui conférer son activité juridique. C'est dans cet esprit que nous tenterons d'établir une théorie générale de la personne (chap. préliminaire), puis que nous aborderons les règles qui gouvernent la personnalité (titre I) et la capacité (titre II) des personnes physiques.

Lire aussi

Sur l'histoire du droit des personnes

- Lefebvre-Teillard A., *Introduction historique au droit des personnes et de la famille,* PUF, coll. « Droit fondamental », 1996, n° 4 et s.
- Ourliac P. et Gazzaniga J.-L., *Histoire du droit privé français de l'an mil au Code civil,* Albin Michel, 1985, p. 173 et s.

Sur le droit des personnes en général

- Bourg D., « Sujet, personne, individu », *Droits*, 1991, n° 13, p. 87 et s.
- Carbonnier J., *Droit civil, Les personnes,* PUF, coll. « Thémis », 21e éd., 2000
- Cornu G., *Droit civil, Introduction, les personnes, les biens,* Précis Domat, 11e éd., Montchrestien, 2003
- Goubeaux G., *Traité de droit civil, Les personnes,* LGDJ, 1989
- Malaurie P., « Les personnes », *Defrénois*
- Mazeaud H.-L. et J., Chabas F., *Leçons de droit civil, Les personnes, les incapacités,* Montchrestien, 9e éd., 1999
- Planiol M. et Ripert G., *Traité élémentaire de droit civil,* tome I, LGDJ, 10e éd., 1925, nos 3005 et s.
- Sériaux A., *Les personnes,* PUF, coll. « Que sais-je ? », n° 2680, 2e éd., 1997
- Terré F. et Fenouillet D., *Droit civil, Les personnes, la famille, les incapacités,* Précis Dalloz, 6e éd., 1996
- Teyssié B., *Droit civil, Les personnes,* Litec, 7e éd., 2002
- Trigeau J.-M., *La personne,* Archives de Philosophie du droit, tome 34, 1989, p. 103 et s.

Sur la condition juridique de l'animal

- Marguénaud J.-P., *L'animal en droit privé,* PUF, 1992, préf. C. Lombois
- Marguénaud J.-P., « La personnalité juridique des animaux », *D.* 1998, chron., p. 205.
- Nerson, « La condition de l'animal au regard du droit », *D.* 1963, chron., p. 1
- Sohm-Bourgeois A.-M., « La personnification de l'animal : une tentation à repousser », *D.* 1990, chron., p. 33

Chapitre préliminaire

Théorie générale de la personne

La plupart des manuels contemporains de droit civil étudie en deux parties autonomes les règles applicables aux personnes physiques et celles qui régissent les personnes morales. Bien qu'elle soit parfaitement défendable, en raison notamment de sa rigueur et de sa clarté, cette présentation a deux inconvénients. D'une part, elle procède d'un certain artifice et engendre une hétérogénéité du propos. En effet, on peut admettre que, comme une personne physique, la personne morale naît, se développe puis meurt. Mais l'analogie tourne vite court. En effet, si la personne morale naît, vit et meurt, elle le fait d'une manière bien différente de celle des personnes physiques. Et il n'y a guère de points communs entre la naissance ou la disparition d'une personne physique et celles d'une personne morale. D'autre part, cette présentation engendre le risque que le lecteur mette les personnes morales sur le même plan que les personnes physiques, alors que, comme nous l'avons vu dans l'avant propos, le parallèle est plus que trompeur. Les auteurs anciens l'avaient d'ailleurs bien compris, qui employaient l'expression « personnes juridiques » pour désigner ce que nous appelons aujourd'hui les personnes morales. Il nous a donc semblé préférable d'adopter une construction qui rende mieux compte d'une part de l'importance infiniment plus grande des personnes physiques – auxquelles sera consacré tout le corps du présent ouvrage – et d'autre part du particularisme du droit des personnes morales. D'où l'idée d'essayer de dresser une théorie générale de la personne, bâtie autour de la notion (section 1), de la nature juridique (section 2) et de la condition juridique (section 3) de la personne.

Section 1
La notion de personne

Une personne est un sujet de droits. Ceci est vrai, sous certaines conditions, pour les personnes physiques comme pour les personnes morales. Pour autant, il serait faux de croire que la notion même de personne est homogène. Entre les personnes physiques et les personnes morales, certains croient discerner une catégorie intermédiaire : celle des centres d'intérêt (G. Fargeat, « Entre les personnes et les choses, les centres d'intérêt », *RTD civ.,* 2002, p. 221 et s.). La proposition, séduisante à bien des égard, n'en est toutefois qu'au stade de la recherche théorique et est, pour l'heure, dépourvue d'applications pratiques. Dès lors, si l'on s'en tient à l'opposition classique entre les personnes physiques et les personnes morales, on constate qu'elles ont entre elles un important point commun et de nombreuses différences.

Le point commun est assurément la qualité de sujet de droits. Lorsque leur existence est reconnue par la loi – ce qui suppose la réunion de certaines conditions que nous préciserons plus loin –, les personnes physiques comme les personnes morales acquièrent la personnalité juridique et peuvent, en tant qu'êtres juridiques autonomes, être titulaires de droits et débitrices d'obligations, disposer d'un patrimoine et agir en justice.

En dépit de ce point commun, il existe entre les personnes physiques et les personnes morales de très nombreuses différences. La plus marquante, qui semble d'ailleurs, dans une large mesure, expliquer toutes les autres, tient au fait que les personnes morales se caractérisent par leur extrême diversité, alors que les personnes physiques sont profondément unitaires. En effet, au-delà des différences de sexe, de race ou de religion, le terme de personne physique désigne toujours la même réalité :

un être humain, dont l'existence est appréhendée par le droit. À l'opposé, les personnes morales se caractérisent par une très grande diversité, aussi bien dans leurs buts, que dans leurs formes, que dans leur consistance. La notion de personne morale suppose, en effet, que le groupe ait une existence et une personnalité autonomes, distinctes de celles de ses membres. Or l'épaisseur de cette personnalité diffère selon les types de personnes morales. Alors que, dans certaines formes de groupements (par exemple les sociétés anonymes), la personnalité du groupe fait écran à la personnalité des membres qui le composent, dans d'autres formes (comme la société en nom collectif), la personnalité morale n'est qu'un mince voile, qui ne parvient pas à masquer véritablement la personnalité des membres.

Dès lors, l'extrême diversité des personnes morales rend particulièrement nécessaire leur classement. La *summa divisio* semble bien être celle qui oppose les personnes morales de droit public (I) et les personnes morales de droit privé (II).

I - Les personnes morales de droit public

Les personnes morales de droit public sont celles dont les rapports juridiques sont régis par le droit public, et notamment le droit administratif. Il s'agit de l'État, des circonscriptions territoriales (région, département, commune) et des établissements publics. Ces derniers sont des services publics spécialisés auxquels la loi confère la personnalité morale. On distingue les établissements publics nationaux, qui dépendent de l'État (tel est le cas des universités), et les établissements publics locaux (comme les hôpitaux ou les hospices). Cependant, certaines personnes morales semblent appartenir à la fois au droit public et au droit privé, car elles empruntent des éléments de leur régime juridique à chaque discipline. Il s'agit notamment des ordres professionnels, des établissements publics à caractère industriel ou commercial, et des sociétés d'économie mixte. Ceci démontre la relativité du critère qui consiste à distinguer les personnes morales par leur soumission au droit privé ou au droit public. Et l'on doit admettre qu'il existe une catégorie intermédiaire de personnes morales : les personnes morales de droit « mixte ».

II - Les personnes morales de droit privé

Il s'agit de personnes morales qui sont régies par le droit privé. La principale classification consiste à distinguer les personnes qui agissent dans un but lucratif (il s'agit pour l'essentiel des sociétés) et celles qui œuvrent dans un but désintéressé (associations, syndicats professionnels ou de copropriétaires). Au sein des sociétés, le classement s'opère en fonction de la nature de l'activité exercée. Ainsi distingue-t-on les sociétés civiles (sociétés civiles immobilières, sociétés civiles professionnelles, groupements agricoles) et les sociétés commerciales (sociétés anonymes, sociétés à responsabilité limitée, sociétés en nom collectif, sociétés en commandite simple et en commandite par actions, entreprise unipersonnelle à responsabilité limitée, qui présente l'originalité de n'avoir qu'un seul membre). Il faut signaler enfin que la société en participation n'a pas la personnalité morale (art. 1871 C. civ.).

Section 2
La nature juridique des personnes

L'expression nature juridique désigne « ce qui définit, en droit, une chose » (*Vocabulaire juridique,* Ass. Capitant, dir. G. Cornu, v° *Nature*). Il est donc paradoxal d'utiliser ce terme à propos des personnes. Et il faut reconnaître que si l'habitude s'est prise pour les personnes morales – dont la nature juridique a fait l'objet d'une vive controverse – la question de la nature juridique n'est quasiment jamais étudiée pour les personnes physiques. À cela, on peut trouver une explication simple : chacun admet que les personnes physiques sont les êtres humains. Telle est leur définition ; telle est aussi leur nature juridique. Il en résulte que tous les êtres humains sont considérés comme des personnes par le droit, et que les animaux n'ont pas la personnalité juridique (v. *supra,* p. 1). La question de la nature juridique des personnes physiques ne soulève donc pas de difficulté particulière.

En revanche, la nature juridique des personnes morales a été âprement discutée en doctrine. Les auteurs du dix-neuvième siècle pensaient que la personnalité morale procède d'une assimilation artificielle avec la personnalité des êtres humains. Ils y voyaient un concept contraire à la nature des choses, inventé dans un but strictement utilitaire, afin de permettre l'exercice de certaines activités en commun. À la différence des personnes physiques dont l'existence est perceptible par les sens, les personnes morales sont des êtres purement abstraits. La personnalité morale n'est donc qu'une **fiction**. Il en résulte que seule la loi pouvait créer une personne morale ou préciser les conditions requises pour l'attribution de la personnalité à un groupement (Aubry et Rau, tome I, 6e éd., n° 54). Une variante de la théorie de la fiction considère que la personnalité morale n'est qu'une modalité de la propriété des biens. Elle est un mode de **propriété collective**, bien distinct de la traditionnelle propriété individuelle. Ainsi Planiol écrivait-il: « la persistance jusqu'à nos jours de la propriété collective est pour ainsi dire cachée aux yeux par l'existence d'êtres fictifs auxquels on prête, au moins dans une certaine mesure, les attributs de la personnalité, qui sont réputés propriétaires, créanciers ou débiteurs, qui font des contrats et soutiennent des procès comme de vraies personnes: ce sont les personnes fictives » (M. Planiol et G. Ripert, *Traité élémentaire de droit civil,* tome I, LGDJ, 10e éd., 1925, n° 3007). Ces théories négationnistes ont été combattues par plusieurs thèses qui soutiennent **la réalité** des personnes morales. En simplifiant beaucoup, on peut dire que les personnes morales constituent, selon les partisans de la réalité, des entités dont l'activité économique et sociale est certaine. Il convient donc de leur reconnaître une existence juridique autonome, qui leur permettra d'accomplir leur mission. Ceci impose la reconnaissance, au profit des personnes morales, de la qualité de sujets de droits, c'est-à-dire de la personnalité juridique. De cette analyse, largement dominante de nos jours, résultent les trois éléments d'identification des personnes morales: l'existence d'**intérêts collectifs** distincts des intérêts individuels des membres du groupe, l'existence d'une **organisation** spécifique, qui permet – troisième élément – d'exprimer une **volonté commune** au service de ces intérêts. Lorsque ces trois éléments cumulatifs sont constatés, le groupement doit se voir reconnaître la personnalité morale sans que la moindre intervention du législateur soit nécessaire. La seule limite est, évidemment, que l'activité du groupe consiste dans la défense d'intérêts licites. Ainsi peut-on dire qu'aujourd'hui la qualité de sujet de droits est conférée automatiquement à tous les êtres humains, sur la seule constatation de leur existence, et qu'il en est de même pour les personnes morales, dès lors que les trois éléments ci-dessus présentés sont constatés. Telle est d'ailleurs la solution retenue par la jurisprudence depuis un arrêt de la Cour de cassation du 28 janvier 1954 (*D.* 1954, p. 217, note Levasseur, *JCP* 1954, II, 7978, note Lemoine) qui s'est ouvertement prononcé pour la thèse de la réalité: « Attendu que la personnalité civile n'est pas une création de la loi; qu'elle appartient, en principe, à tout groupement pourvu d'une possibilité d'expression collective pour la défense d'intérêts licites, dignes, par suite, d'être juridiquement reconnus et protégés [...]. » Il en résulte que, dès lors que ces conditions sont remplies, la jurisprudence peut reconnaître la personnalité morale à des groupements en dehors des cas prévus par la loi. Cependant, en dépit de son importance théorique, ce principe général d'attribution de la personnalité aux groupements organisés n'a qu'une portée limitée. En effet, le législateur continue de régner en maître sur l'attribution de la personnalité morale qui, faute d'intervention législative, est toujours refusée aujourd'hui à certains groupements tels que la famille, l'indivision – mais peut-être ces deux groupements ne sont-ils pas suffisamment organisés –, l'entreprise ou les groupes de sociétés. En sens contraire, il est permis de se demander si le législateur de 1994 n'a pas implicitement, mais nécessairement, consacré la théorie de la réalité en instituant une responsabilité pénale des personnes morales (Comp. Ph. Conte et P. Maistre de Chambon, *Droit pénal général,* A. Colin, 6e éd., 2002, nos 367 et s.).

Section 3
La condition juridique des personnes

Dans cette approche de la condition juridique des personnes, nous nous limiterons à l'étude de l'existence (I), de la capacité (II) et des droits (III) des différentes personnes juridiques. Les autres éléments de leur condition juridique relèvent, en effet, soit d'ouvrages spécifiques aux personnes morales, soit de la suite du présent volume, pour les personnes physiques.

I - L'existence des personnes

L'existence des personnes physiques s'étend, dans les conditions qui seront développées plus loin (v. *infra*, p. 23), de la naissance à la mort. La personnalité est donc attribuée à la personne physique dès lors qu'elle est née vivante et viable. Et elle disparaît avec l'individu lors de son décès.

La situation des personnes morales est sensiblement différente, pour cette raison qu'elles ne sont pas engendrées mais seulement créées. La personne morale est une création de ses fondateurs. Il en résulte que le groupement existe dès sa constitution, mais qu'il n'acquiert pas immédiatement la personnalité. Cette acquisition suppose l'accomplissement de certaines formalités supplémentaires. Ainsi les sociétés commerciales n'acquièrent la personnalité que par leur immatriculation au registre du commerce et des sociétés (art. 5 de la loi du 24 juillet 1966). Ce décalage entre la constitution de la société et l'acquisition de la personnalité juridique engendre un délicat problème: celui du sort des engagements souscrits par les fondateurs au nom de la société en formation. Faute d'existence juridique de la société, ces actes n'engagent que leurs auteurs, les fondateurs. Mais ils peuvent être repris par la société, avec effet rétroactif (art. 1843 C. civ.).

La disparition de la personne morale accuse, quant à elle, de notables différences par rapport à celle des personnes physiques. Alors que la vie des personnes physiques n'est qu'une espérance, la durée des personnes morales est définie à l'avance, par l'acte de constitution. Elle peut même être prorogée sur décision des associés (art. 1844-6 C. civ.). Il peut donc arriver que la société survive à ses fondateurs, permettant à ceux-ci d'espérer que leur but initial sera réalisé après leur propre mort. À l'expiration du temps pour lequel elle a été constituée, la société disparaît. Quant à la dissolution anticipée, elle peut résulter soit d'un accord de volonté des associés (art. 1844-7, al. 4 C. civ.), soit d'une décision de justice civile (art. 1844-7, al. 5 C. civ.) ou pénale (art. 131-39 C. pén.). Lors de la dissolution, les biens de la société sont, après apurement du passif, répartis entre les membres qui la composent. Les biens des associations doivent, quant à eux, être dévolus conformément aux statuts, le plus souvent à une autre association remplissant un but similaire. La personnalité du groupement disparaît lorsque sa liquidation est totalement achevée (art. 1844-8, al. 3).

II - La capacité des personnes

Le terme « capacité » est susceptible de deux acceptions: la capacité de jouissance est l'aptitude à être titulaire de droits ou débiteur d'obligations; la capacité d'exercice désigne l'aptitude à mettre en œuvre nous-mêmes les droits qui nous sont reconnus et les obligations qui nous sont imposées par la loi.

La capacité de jouissance est reconnue à toutes les personnes physiques, du fait de leur naissance. Alors que leur capacité d'exercice peut, dans certains cas que nous aborderons plus loin (v. *infra,* p. 93), être réduite.

La situation des personnes morales est sensiblement plus complexe. En effet, l'étendue de leur capacité varie selon les types de personnes morales. Ainsi, le principe d'égalité, qui est la règle pour la capacité de jouissance des personnes physiques, est-il privé d'une part de sa portée. Par exemple, les associations déclarées, qui bénéficient pourtant de la personnalité morale, ne peuvent, en principe, être propriétaires d'immeubles (art. 6 de la loi du 1er juillet 1901) ni recevoir des libéralités, alors que les associations reconnues d'utilité publique peuvent recevoir à titre gratuit (art. 11 de la même loi). La situation n'est pas moins complexe s'agissant de la capacité d'exercice. En effet, la mise en œuvre des droits dont une personne est titulaire nécessite l'accomplissement par celle-ci de déclarations de volonté, d'actes juridiques ou d'actes de procédure qui ne peuvent être que le fait d'êtres humains. Ce sont donc toujours des personnes physiques qui agissent pour mettre en œuvre les droits des personnes morales. Aussi s'est-on demandé si les personnes morales n'étaient pas, congénitalement, privées de toute capacité d'exercice. La doctrine moderne adopte sur ce point une solution nuancée. Sans aller jusqu'à admettre la pleine capacité d'exercice de la personne morale, elle considère que la personne physique qui a accompli l'acte au nom du groupement n'est pas qu'un simple mandataire. Il s'agit d'un organe de la personne morale. Il en résulte que les fautes commises par un organe de la personne morale peuvent engager la responsabilité délictuelle de celle-ci.

III - Les droits des personnes

Dès lors que la loi lui reconnaît la capacité de jouissance, une personne peut être titulaire d'une très grande variété de droits. Il ne s'agit pas ici de les recenser tous, encore moins d'en faire une étude exhaustive, mais de présenter les plus importants parmi ceux qui sont communs aux personnes physiques et aux personnes morales. Il s'agit des droits patrimoniaux (A), des droits extra-patrimoniaux (B) et des actions en justice (C).

A - Droits patrimoniaux

Les personnes sont, tout d'abord, titulaires de droits patrimoniaux, c'est-à-dire de droits évaluables en argent (droit de propriété, droit de créance...). La solution n'est pas surprenante, qui n'est que la traduction du principe selon lequel toute perun patrimoine. À la suite d'Aubry et Rau (*Cours de droit français,* tome 2, 5e éd., § 162), on admet, en effet, que le patrimoine est un ensemble de droits et d'obligations et que seuls les sujets de droits peuvent avoir un patrimoine, puisqu'il n'y a pas de droits et d'obligations sans personnalité juridique. Le patrimoine est donc une émanation, une conséquence de la personnalité juridique, qu'il s'agisse de personnes physiques ou de personnes morales.

B - Droits extrapatrimoniaux

Plus délicate est la question des droits extra-patrimoniaux. Il s'agit de droits tels le droit au nom, le droit à l'honneur, le droit respect de la vie privée ou de l'image, le droit au respect de la présomption d'innocence, dont l'existence a été affirmée pour les personnes physiques sous l'appellation « droits de la personnalité » (v. *infra,* p. 75) sans que l'on sache vraiment s'ils peuvent être reconnus à une personne morale. Si l'on part de l'idée que ces droits de la personnalité sont destinés à protéger la personne dans son individualité physique, psychologique et sociale, il va de soi que la protection qu'ils instituent doit être l'apanage exclusif des personnes physiques. En effet, cette protection ne peut concerner que des êtres aptes à percevoir le jugement des tiers sur leur propre personnalité. Tel n'est évidemment pas le cas d'une personne morale. Pourtant on peut penser qu'il ne serait pas incongru de reconnaître aujourd'hui aux personnes morales certains droits de la personnalité, notamment lorsque les propos ou les agissements des tiers modifient la perception qu'a le public de l'image de la personne morale (atteinte à la considération ou à la présomption d'innocence).

C - Action en justice

Les personnes sont, enfin, titulaires d'un droit de nature procédurale : le droit d'agir en justice. Hormis les cas où la loi leur impose une qualité pour agir, les personnes physiques peuvent agir en justice dès lors qu'elles ont un intérêt légitime, né et actuel, direct et personnel au succès d'une prétention. La reconnaissance du droit d'agir en justice des personnes morales a été plus controversée. Ces groupements peuvent-ils justifier d'un intérêt qui leur soit véritablement personnel ? Il ne fait pas de doute qu'une personne morale peut agir en justice lorsqu'elle subit un préjudice qui la frappe dans ses intérêts propres (non paiement d'une créance dont est titulaire la personne morale contre un tiers; préjudice causé au groupement ou infraction pénale commise contre lui...). On s'est demandé, en revanche, si le groupement justifie d'un intérêt à agir en justice pour la défense d'autrui (syndicat professionnel agissant en défense de l'un de ses adhérents) ou pour la défense d'un intérêt collectif (association de protection de l'environnement agissant à l'occasion d'un dommage écologique; association de consommateurs agissant en défense de l'intérêt de tous les consommateurs...). La question a été tranchée au prix d'une inégalité regrettable entre les syndicats professionnels et les associations. Pour les syndicats, la loi du 12 mars 1920, actuellement reprise par l'article L. 411-11 du Code du travail dispose que « les syndicats professionnels peuvent, devant toutes les juridictions, exercer tous les droits réservés à la partie civile relativement aux faits portant un préjudice direct ou indirect à l'intérêt collectif de la profession qu'ils représentent ». La loi pose donc le principe selon lequel tous les syndicats professionnels représentatifs peuvent agir en justice. Rien de tel pour les associations qui n'ont fait l'objet que d'interventions législatives ponctuelles et désordonnées (par ex. ordonnance du 8 mai 1945 relative aux Unions départementales d'associations familiales [UDAF]; loi du 27 décembre 1960 concernant les associations de défense des mutilés de guerre et des handicapés physiques; loi du 1er juillet 1972 concernant les associations de lutte contre le racisme; loi du 9 avril 1975 concernant les associations de lutte contre le proxénétisme; loi du 9 juillet 1976 concernant les associations de lutte contre le tabagisme; loi du 2 février 1981 concernant les associations de lutte contre les mauvais traitements aux enfants...). Le droit d'agir en justice des associations de consommateurs a, quant à lui, été largement reconnu par la loi Royer du 27 décembre 1973. Il en est résulté une inflation considérable des actions en justice, que la loi du 5 janvier 1988 a tenté de limiter. L'article 5 de cette loi prévoit que, lorsque le préjudice invoqué par l'association ne résulte pas d'une infraction pénale, l'association ne dispose que du droit *d'intervenir* à l'action engagée par le consommateur lésé. Reste que, comparée à celle des syndicats, la situation procédurale des associations ressemble à un véritable capharnaüm juridique. Certaines associations peuvent agir alors que d'autres, qui n'ont pas fait l'objet d'une intervention législative, ne le peuvent pas. Et, au sein de la première catégorie, les conditions d'admission de l'action ne sont pas toujours les mêmes. Certaines associations, telles les UDAF, ne peuvent agir en justice que si elles sont reconnues d'utilité publique, alors que pour d'autres, comme les associations de lutte contre le racisme, une durée minimale d'existence suffit – laquelle n'est d'ailleurs pas toujours la même ! La cause de cette situation regrettable tient à ce que les réformes ont été faites au coup par coup, pour donner satisfaction à tel ou tel groupe de pression, mais sans aucune vue d'ensemble. Aussi serait-il souhaitable d'unifier le régime des actions en justice des associations. Ainsi pourrait-on poser en principe que toutes les associations à finalité collective ont le droit d'agir en justice quitte, pour limiter le flot des demandes, à exiger qu'elles soient agréées, ou déclarées depuis plus de cinq ans. Et pour ne pas ruiner le principe d'appréciation par le ministère public de l'opportunité des poursuites, on pourrait, comme l'a fait la loi du 5 janvier 1988, limiter le droit des associations à une simple intervention : l'association ne pourrait venir au procès que si la victime ou le ministère public ont déjà mis l'action en mouvement.

Au terme de ce chapitre préliminaire, il apparaît que de profondes différences séparent les personnes physiques et les personnes morales qui ne peuvent être placées sur le même plan. L'opportunité a conduit les juristes à reconnaître la personnalité morale aux groupements. Pour autant, ceux-ci ne constituent que des personnes artificielles, sans véritable point commun avec les êtres humains, auxquels sera réservée la suite de cet ouvrage.

L'émergence d'un être humain à la vie juridique suppose que la loi lui attribue la qualité de sujet pouvant être titulaire de droits et débiteur d'obligations. L'individu se voit alors reconnaître la personnalité juridique (titre I). Comme nous l'avons déjà dit, celle-ci est attribuée, aujourd'hui, à toutes les personnes physiques. Cependant, certaines d'entre elles ont besoin d'une protection particulière parce que leur lucidité est altérée, soit en raison de leur âge, soit en raison d'une maladie. Ces individus continuent d'être des personnes à part entière, leur personnalité juridique n'est pas mise en doute, mais leur capacité est réduite (titre II).

Lire aussi

Sur la personnalité morale

- Germain M., « Naissance et mort des sociétés commerciales », *Mélanges Roblot,* LGDJ, 1984, p. 217 et s.
- Paillusseau J., « Le droit moderne de la personnalité morale », *RTD civ.,* 1993, p. 705
- Patault A.-M., « La personne morale d'une nationalisation à l'autre, naissance et mort d'une théorie », *Revue Droits,* n° 17, PUF, 1993, p. 79
- Petit F., « Les droits de la personnalité confrontés au particularisme des personnes morales », *Dalloz Affaires,* mai 1998, p. 826 et s.

Sur l'action en justice des associations de consommateurs

- Calais-Auloy J., « Les actions en justice des associations de consommateurs », *D.* 1988, p. 193.
- Mayaud Y., « L'action civile sauvegardée », *Mélanges Chavanne,* Litec, 1990, p. 135 et s.

Titre I

La personnalité des personnes physiques

Deux questions doivent être abordées ici : celle de l'attribution de la personnalité (chap. I) et celle des droits qui résultent de cette attribution, les attributs de la personnalité (chap. II).

Chapitre I
L'attribution de la personnalité

L'attribution de la personnalité témoigne de la reconnaissance, par la société et par le droit, de l'existence de la personne. Encore faut-il que cette condition d'existence soit remplie (section 1) et que la personne soit individualisée (section 2).

Section 1
L'existence de la personne

La personne existe de sa naissance à sa mort. Encore faut-il, ce qui n'est pas chose facile, préciser chacun de ces extrêmes : le début (I) et la fin de la personnalité (II). De plus, dans certains cas particuliers, il existe des doutes sur l'existence de la personne. Nous devrons alors nous demander comment sont résolues les difficultés liées à cette incertitude sur la personnalité (III).

I - Le début de la personnalité

A - Principe

La personnalité s'acquiert, en principe, à la naissance. Encore faut-il que l'enfant naisse vivant et viable, c'est-à-dire avec tous les organes nécessaires à la vie en ordre de fonctionnement. Lorsque cette condition est remplie, l'enfant acquiert la personnalité juridique, et peu importe qu'il décède quelques jours ou quelques heures après sa naissance. En revanche, l'enfant mort-né ou l'enfant vivant mais non viable n'acquièrent pas la personnalité juridique. Toutefois, depuis un arrêté du 19 juillet 2002, il est possible de faire inscrire sur le livret de famille tout enfant mort-né ayant au moins 180 jours de vie intra-utérine. La règle, qui a pour objet d'apaiser la souffrance des parents, ne fait cependant pas acquérir la personnalité juridique à l'enfant qui est né mort.

B - Dérogations

Il existe deux dérogations au principe selon lequel l'enfant n'acquiert la personnalité qu'à la naissance. La première résulte de l'adage *infans conceptus pro nato habetur quoties de commodis ejus agitur,* qui organise une acquisition anticipée de la personnalité juridique. L'enfant simplement conçu est considéré comme né toutes les fois que c'est son intérêt. Ainsi, l'enfant naturel peut-il être reconnu par ses parents avant sa naissance. Cette reconnaissance prénatale est parfaitement valable. De même, en cas de décès du père pendant la grossesse, l'enfant simplement conçu peut-il prendre part à la succession, lorsque deux conditions sont remplies : il faut que la succession soit bénéficiaire (dans le cas contraire, il n'aurait aucun intérêt à hériter), et que l'enfant soit né ensuite vivant et viable. Cette deuxième condition est importante : l'acquisition anticipée de la personnalité juridique n'est que provisoire. Si l'enfant naît mort, il n'acquiert pas la personnalité à compter de sa conception.

La deuxième dérogation résulte de la tendance de certaines juridictions à protéger la vie humaine indépendamment de toute viabilité de l'enfant. Cette tendance est particulièrement nette en droit pénal, en matière d'infractions commises sur le fœtus. Plusieurs décisions semblent admettre que l'enfant a, dès avant sa naissance, une personnalité distincte de celle de sa mère. Ainsi, la chambre criminelle de la Cour de cassation a-t-elle approuvé la condamnation d'un gynécologue-obstétricien pour blessures involontaires car son intervention tardive auprès de la parturiente avait été à l'origine d'une souffrance fœtale ayant entraîné un handicap moteur pour l'enfant (Crim. 9 janv. 1992, *Droit pénal,* 1992, comm. n° 172, obs. Véron). Il est cependant permis d'hésiter sur la portée de cette décision. En l'espèce, l'enfant étant né vivant et viable, on peut se demander si la condamnation est intervenue en raison des blessures occasionnées au fœtus ou à l'enfant qu'il est devenu. En revanche, aucun doute n'est plus possible lorsque, le fœtus étant décédé accidentellement, les juridictions pénales condamnent le responsable de l'accident pour homicide involontaire (pour un accident de la circulation ayant entraîné la mort du fœtus, v. Douai, 2 juin 1987, *JCP* 1989, 21250, note X. Labbée; pour une erreur commise par un gynécologue-obstétricien, v. Lyon, 13 mars 1997, *JCP* 1997, 22955, note G. Fauré: la cour de Lyon relève que la loi française « consacre le respect de tout être humain dès le commencement de la vie, sans qu'il soit exigé que l'enfant naisse viable, du moment qu'il était en vie lors de l'atteinte qui lui a été portée »). Cet arrêt a cependant été cassé par l'Assemblée plénière de la Cour de cassation qui, depuis un arrêt du 30 juin 1999, décide que l'homicide du fœtus n'est pas sanctionné par la loi pénale car celle-ci est d'interprétation stricte. La solution, confirmée par d'autres arrêts du 29 juin 2001 et 25 juin 2002, est très sévèrement critiquée en doctrine. Et certains parlementaires envisagent de déposer une proposition de loi créant un délit d'interruption involontaire de grossesse. Cette démarche n'a pas abouti à ce jour, mais elle pourrait ressurgir dans le cadre de la révision (actuellement en cours) des lois du 29 juillet 1994 relatives à la bioéthique. Ces textes ont mis en place non seulement une répression pénale des atteintes à l'embryon (art. 511-15 et s. C. pén.), mais encore, en matière de don d'embryon, une procédure d'accueil très proche de la procédure d'adoption (art. L. 152-4 et L. 152-5 C. santé publ.). À vrai dire, ces indices de la personnalité juridique du fœtus sont devenus incertains depuis les arrêts de l'assemblée plénière de la Cour de cassation. De plus, quand bien même on admettrait que le fœtus est une personne distincte de sa mère, il faut reconnaître que cette personnalité a bien peu de portée. D'une part, la loi *Veil* du 17 janvier 1975 a créé des permissions légales en matière d'interruption volontaire de grossesse (art. L. 162-1 et L. 162-12 C. santé publ.; art. 223-11, al. 1er C. pén.). D'autre part, l'article 9 de la loi n° 94-654 du 29 juillet 1994 a permis, en matière de fécondation *in vitro*, la destruction des embryons dits surnuméraires, c'est-à-dire des embryons conçus *in vitro* mais non réimplantés. Et cette disposition a été avalisée par le Conseil constitutionnel, qui semble admettre que l'embryon non implanté n'est pas sujet, mais objet de droits (Cons. const., 27 juill. 1994, *D.* 1995, p. 237, note Mathieu). Enfin, si l'on a pu proposer d'instituer une protection de l'enfant avant même sa naissance, en faisant notamment intervenir le juge des enfants en cas de danger pour le fœtus (B. Lherbier-Malbranque, *La collaboration des organismes et des autorités concourant à la protection de l'enfant,* thèse, Lille II, 1997, dir. F. Dekeuwer-Défossez), cette proposition n'est pas de droit positif. La question du statut juridique de l'embryon est donc loin d'être tranchée. Peut-être, dans un souci de cohérence législative, aurait-on pu retenir une solution analogue à celle de la loi *Veil* sur l'interruption volontaire de grossesse, et considérer qu'au-delà de la dixième semaine, l'embryon doit être considéré comme sujet de droits. Pour autant, les développements qui précèdent montrent qu'il est très malaisé de fixer avec exactitude le début de la personnalité. On peut faire la même constatation à propos de la fin de celle-ci.

II - La fin de la personnalité

Depuis l'abolition de la mort civile par la loi du 31 mai 1854 – il s'agissait d'une sanction qui frappait les condamnés à de très lourdes peines et qui consistait dans la disparition de leur personnalité juridique, alors même qu'ils étaient physiquement en vie –, la personnalité disparaît au moment du décès. Le moribond est toujours une personne. Il peut accomplir des actes juridiques (testament, reconnaissance d'enfant naturel, mariage *in extremis*...). Seule la mort lui fera perdre définitivement sa qualité de sujet de droits. Or le Code civil ne donne aucune définition de la mort. Il serait, en effet, périlleux d'imposer une définition légale rigide sur une question qui ne peut être résolue que par un diagnostic individuel et dont les données scientifiques sont susceptibles d'être remises en cause par les progrès de la science. Il faut donc chercher ailleurs. L'étude des rites funéraires est, de ce point de vue, très instructive. Les premières civilisations ne concevaient pas véritablement la mort, qu'elles percevaient simplement comme un sommeil prolongé – ce qui justifiait que le défunt soit installé dans la position du sommeil, avec près de lui de la nourriture et des armes destinées à assurer sa survie lors de son réveil. Ce n'est que lorsque les hommes ont pris l'habitude d'installer leurs défunts couchés sur le dos que la réalité de la mort a commencé d'être perçue. Reste, que ces rites ne permettent pas de dire avec précision ce qu'est la mort. Aussi deux questions se posent au juriste : comment prouver la mort et comment la définir ?

La question de preuve se résout facilement. Le droit fait appel à la médecine. Ainsi l'article L. 2223-42 du Code général des collectivités territoriales impose-t-il la rédaction d'un certificat de décès pour toute autorisation de fermeture de cercueil. Et pour lever toute incertitude, la représentation du cadavre est indispensable à l'établissement d'un certificat de décès. Lorsque celle-ci n'est pas possible, aucun acte de décès ne peut être rédigé. Il faut obtenir du tribunal de grande instance un jugement déclaratif de décès, alors même que la mort serait certaine – cas du soldat pulvérisé par un obus sous les yeux de ses compagnons d'infortune.

La question de la définition est infiniment plus délicate. Et, en dépit des nombreuses études doctrinales qui lui ont été consacrées, aucune définition juridique de la mort n'a pu être donnée, pour la raison principale que les progrès de la médecine ont considérablement modifié notre perception de la mort. Initialement analysée comme l'arrêt des fonctions respiratoires, la mort a ensuite été conçue comme l'arrêt des fonctions cardiaques. Mais lorsque l'on a su faire repartir un cœur qui s'était arrêté, il a fallu réviser cette définition… De plus, les progrès considérables accomplis en matière de réanimation ont conduit non seulement à repousser les limites de la mort, mais encore à en modifier, si l'on peut dire, les modalités. La mort n'est plus forcément le passage brutal d'un état à un autre. Elle résulte souvent d'un processus plus ou moins lent de dégradation des fonctions vitales. Pendant cette période de déclin, il ne fait pas de doute que le futur défunt reste une personne, mais une personne affaiblie qui doit, pour cette raison, être protégée par la loi contre les dangers que constituent l'euthanasie active – acte de donner la mort, par opposition à l'euthanasie passive qui consiste à ne pas maintenir artificiellement en vie une personne dont les fonctions vitales ont disparu – ou les prélèvements hâtifs d'organes ou de tissus. Le droit doit donc définir la mort, ce seuil au-delà duquel l'individu cesse d'être une personne dont la vie et l'intégrité sont protégées par la loi. Tel fut l'objet de la circulaire du 24 avril 1968 qui, alors que la mort était définie à l'époque comme l'arrêt du cœur et de la circulation sanguine introduisit l'exigence « de preuves concordantes de l'irréversibilité de lésions incompatibles avec la vie, (en s'appuyant) notamment sur le caractère destructeur et irréversible des altérations du système nerveux central dans son ensemble ». Trois jours plus tard (le 27 avril 1968), le professeur Cabrol réussissait la première greffe cardiaque, confirmant que la mort ne pouvait plus être ramenée à un simple arrêt du cœur. La circulaire du 24 avril 1968 suggérait donc – plus qu'elle ne la donnait – une nouvelle définition de la mort: la mort cérébrale. Cette définition est confirmée et affinée par le décret du 2 décembre 1996 relatif au constat de la mort préalable à un prélèvement d'organes, de tissus ou de cellules. D'après ce texte, si une personne présente un arrêt cardiaque persistant, le constat de la mort suppose, cumulativement, une absence totale de conscience et d'activité motrice spontanée, l'abolition de tous les réflexes du tronc cérébral et une absence totale de ventilation spontanée (art. R. 1232-1 C. santé publ.). Et lorsqu'une personne cliniquement morte est maintenue artificiellement en vie – soit parce qu'elle se trouve dans le coma, soit pour les besoins d'un prélèvement d'organe – sa mort suppose en outre que soit mis en évidence « le caractère irréversible de la destruction encéphalique » (art. R. 1232-2) au moyen soit de deux électroencéphalogrammes nuls et aréactifs d'une durée de trente minutes, effectués à un intervalle minimal de quatre heures, soit d'une angiographie objectivant l'arrêt de la circulation encéphalique. Comme la plupart des États européens, la France retient donc le critère de la mort cérébrale. Reste que, pour pallier les éventuelles erreurs de diagnostic, l'inhumation ou la crémation ne peuvent intervenir moins de vingt-quatre heures après la constatation du décès (art. R. 2213-35 du Code général des collectivités territoriales).

Après la mort, la personnalité juridique disparaît, et l'individu cesse d'être sujet de droits. Pour n'être plus titulaire d'aucun droit, pas même au respect de sa vie privée ou de son image (comp. Crim., 21 oct. 1980, aff. *Jean Gabin, D.* 1981, p. 72, 1re esp., note Lindon, qui évoque de manière un peu étonnante la vie privée des morts; dans le même sens, TGI Paris, 13 janv. 1997, aff. *François Mitterrand, D.* 1997, p. 255, note Beignier, *JCP* 1997, II, 22845, note Serna; renonçant à ce fondement étrange: Paris, 24 févr. 1998, aff. *C. Erignac, D.* 1998, p. 225, note Beignier), le défunt n'est pas pour autant devenu une chose ordinaire. Notre droit continue de le protéger lui et – surtout – ses proches. Cette protection a un double visage. Elle s'exerce non seulement en direction du corps du défunt, mais encore en considération de la personne qu'il a été.

La protection du corps du défunt est assurée pour l'essentiel par le droit pénal. Ainsi, dans une section intitulée « *Des atteintes au respect dû aux morts* », le Code pénal punit-il les auteurs d'atteintes à l'intégrité du cadavre (art. 225-17, al. 1er), ou de violations ou profanations de tombeaux ou de sépultures (art. 225-17, al. 2). Et dans un domaine très proche, la chambre criminelle de la Cour de cassation décide qu'est punissable la tentative de meurtre accomplie sur un cadavre (Crim., 16 janv. 1986, aff. *Perdereau, D.* 1986, p. 265, note Mayer et Gazounaud,

p. 267, note Pradel; *JCP* 1987, II, 20774, note Roujou de Boubée; *Rev. sc. crim.* 1986, p. 839, obs. Vitu et p. 849, obs. Levasseur).

D'autres dispositions semblent être justifiées par le passé de vie du défunt, par la considération de la personne qu'il a été. Elles tendent à protéger sa mémoire ou sa dignité. Ainsi la loi du 29 juillet 1881 sur la presse sanctionne-t-elle la diffamation ou l'injure contre la mémoire des morts (art. 34). Enfin, dans son arrêt d'Assemblée du 2 juillet 1993 (aff. *Milhaud, JCP* 1993, II, 22133, note Gonod, *D.* 1994, p. 74, note Peyrical, *RFD adm.* 1993, p. 1002, concl. Kessler, *RTD civ.* 1993, p. 803, obs. Hauser), le Conseil d'État a décidé que le principe fondamental du respect de la personne humaine continue de s'imposer au médecin après la mort de son patient, et que ce principe interdit que la personne, en état de mort cérébrale, soit maintenue artificiellement en vie pour les besoins d'expériences scientifiques, à moins d'un consentement exprès de l'intéressé ou de ses proches. Le défunt n'est donc pas devenu une chose ordinaire. D'ailleurs, sa volonté peut produire certains effets au-delà de la mort. Ainsi peut-elle régir la dévolution des biens successoraux (par le moyen d'un testament) ou l'organisation des funérailles (art. 3 de la loi du 15 novembre 1887 sur la liberté des funérailles).

On le voit, il est bien difficile de déterminer avec précision le commencement et la fin de la vie. Il peut arriver également que l'existence d'une personne – dont nul ne conteste qu'elle est née et est devenue sujet de droits – devienne incertaine.

III - L'incertitude de la personnalité

Il arrive parfois que l'existence d'une personne soit incertaine. La preuve de son décès n'a pas été rapportée – on peut donc la considérer comme vivante –, mais son existence est douteuse soit parce qu'on est sans nouvelles d'elle depuis très longtemps, c'est l'hypothèse de l'absence (A), soit parce qu'elle a disparu dans des circonstances qui mettent sa vie en danger, c'est le cas de la disparition (B).

A - L'absence

Après une rapide définition (1) il conviendra de préciser la situation juridique de l'absent (2).

1 - Définition

L'absence est la situation de la personne qui a cessé de paraître à son domicile, et dont on est sans nouvelles (art. 112 C. civ.). Cette définition conduit à distinguer l'absence de deux situations proches. L'absence doit, tout d'abord, être distinguée de la non-présence. Le non-présent est celui qui ne se trouve pas où l'on pensait le trouver (il n'est pas à son domicile, pas à son travail, son éloignement l'empêche de manifester sa volonté), mais pour lequel il n'y a aucun doute sur son existence. L'absence doit également être distinguée de la disparition qui est la situation de la personne dont la mort est vraisemblable car elle a disparu dans des circonstances mettant sa vie en danger. Tel n'est pas le cas de l'absent. La simple absence de nouvelles ne suffit pas à rendre le décès probable. Cette probabilité n'apparaîtra que si l'absence de nouvelles se prolonge pendant un certain délai ce qui nous conduit à examiner la situation de l'absent.

2 - La situation de l'absent

L'absent laisse le plus souvent une famille, un patrimoine, des créanciers... Qui prendra soin de ses proches ? Qui gérera son patrimoine ? Qui paiera ses créanciers ? Autant de questions auxquelles le droit doit impérativement répondre, sous peine de mettre en péril la sécurité juridique. Le Code de 1804 considérait l'absent comme éternellement en vie, du moins tant que la preuve de son décès n'avait pas été rapportée. Ce système, porteur d'inconvénients importants – les biens de l'absent étaient difficilement aliénables; le conjoint de l'absent ne pouvait pas se remarier –, n'était plus très réaliste dans une société marquée par le développement considérable des moyens de communication. Une réforme s'imposait donc qui, menée sous l'égide de Jean Foyer, aboutit à la loi du 28 décembre 1977. Cette loi organise la situation de l'absent en deux étapes. La première correspond à une présomption de survie de l'absent, puisque l'absence de nouvelles ne suffit pas à rendre son décès probable : c'est la période de présomption d'absence (a). Mais si l'absence de nouvelles se prolonge, la mort de l'absent devient vraisemblable. Il est alors possible d'obtenir un jugement qui aura tous les effets du décès : c'est la déclaration d'absence (b).

a. La période de présomption d'absence

Cette période s'ouvre à compter des dernières nouvelles, c'est-à-dire à une période où l'on ne peut pas présumer le décès de l'absent car il n'est pas (encore) probable. L'absent est donc présumé vivant : son mariage demeure, sa succession n'est pas ouverte, et il reste à la tête de son patrimoine. Mais, du fait de son absence, l'absent ne peut plus gérer ses biens lui-même. Aussi le Code civil prévoit-il des règles spécifiques. L'article 113 donne au juge des tutelles dans le ressort territorial duquel l'absent avait sa dernière résidence la possibilité de confier à certaines personnes (parentes ou non) le soin de représenter l'absent pour tous les actes d'administration et, *a fortiori*, les actes conservatoires. Les actes de disposition doivent être autorisés par le juge des tutelles, qui vérifie que l'acte projeté est conforme aux intérêts de l'absent. L'article 114 permet, quant à lui, au juge de fixer une certaine somme qui devra être prélevée sur le patrimoine de l'absent et affectée à l'entretien de la famille de celui-ci, et aux charges du ménage. Ce système peut, toutefois, se trouver écarté par une double alternative. L'alternative conventionnelle, de l'article 121, alinéa 1er du Code civil, permet que les règles de l'absence ne s'appliquent pas si l'absent a chargé un mandataire de le représenter pendant son absence. On est alors dans le cadre de ce que l'on peut appeler une absence prévue et organisée par l'intéressé. C'est alors ce mandat qui reçoit exécution, car il faut respecter la volonté de l'absent. Le juge des tutelles peut cependant être saisi si le mandat devient insuffisant. L'article 121, alinéa 2, du Code civil prévoit, quant à lui, une alternative conjugale. Il écarte les règles relatives à la représentation de l'absent lorsque le conjoint de celui-ci peut pourvoir suffisamment à la protection de ses intérêts en application des règles du régime matrimonial. Les articles 217 et 1426 du Code civil prévoient, en effet, que l'un des époux peut se faire autoriser en justice à passer seul un acte pour lequel le consentement du conjoint est nécessaire. Et les articles 219 et 1429 du même Code prévoient, quant à eux, la représentation de l'absent par son conjoint pour une série d'actes pour lesquels le consentement de l'absent est nécessaire. Cette alternative, qui s'applique quel que soit le régime matrimonial (art. 217 et 219 C. civ.) peut suffire à mettre en place une protection suffisante des intérêts de l'absent. Elle révèle la faveur du législateur pour la prise en charge familiale de l'absent. On observera le même phénomène en droit des incapacités. Tels sont les traits principaux de la période de présomption d'absence. Reste à préciser la durée de cette présomption de survie.

Lorsque les proches de l'absent ont avisé le juge des tutelles de la situation d'absence, et lui ont demandé le cas échéant de mettre en œuvre des mesures de protection des intérêts de l'absent, la durée de la présomption de survie n'est que de dix ans. Dans le cas contraire, elle est de vingt ans (art. 122 C. civ.). Pourquoi cette double durée ? Notre droit tente d'inciter les proches à informer les autorités judiciaires de la situation d'absence, afin qu'une protection des intérêts de l'absent puisse être organisée. Le risque est grand, en effet, que certains proches, mal intentionnés, s'abstiennent délibérément de saisir le juge pour se partager le patrimoine de l'absent et toucher, avant l'heure, leur part d'héritage. Si tel a été leur dessein, la durée de la présomption de survie de l'absent est doublée, et leurs espoirs successoraux sont différés d'autant.

À l'expiration de la période de présomption d'absence, si l'on est toujours sans nouvelles de l'absent, le risque est grand qu'il soit décédé. C'est cette probabilité de décès qui permet de faire déclarer judiciairement l'absence.

b. La déclaration d'absence

Elle résulte d'un jugement – on parle de jugement déclaratif d'absence – rendu par le tribunal de grande instance dans le ressort duquel l'absent avait sa dernière résidence. Ce jugement a tous les effets que le décès de l'absent aurait eus s'il avait été établi. L'absent est désormais considéré comme mort, son mariage est dissous, son régime matrimonial prend fin et sa succession est dévolue à ses héritiers. Eu égard aux effets qu'il produit, ce jugement ne peut intervenir que lorsque le décès de l'absent est devenu probable, c'est-à-dire lorsqu'il s'est écoulé un délai suffisamment long depuis les dernières nouvelles pour que le silence de l'absent puisse être considéré comme celui de la mort. Nous avons dit plus haut que le délai est de dix ans lorsque les proches ont fait constater l'absence, et de vingt ans dans les autres cas. En réalité, l'action visant à obtenir un jugement déclaratif d'absence peut être engagée, selon les cas, soit au bout de neuf ans, soit au bout de dix-neuf ans (art. 125 C. civ.). Le dispositif du jugement déclaratif d'absence est transcrit en marge de l'acte de naissance de l'absent; la date du décès est celle du jugement déclaratif, et les mesures prises pour la gestion du patrimoine de l'absent prennent fin.

Reste que le jugement déclaratif d'absence se fonde sur un décès seulement vraisemblable, non sur une mort certaine. Et le retour de l'absent, pour être improbable, n'est pas tout à fait impossible (les cas les plus fréquents relèvent, cependant, de la fiction littéraire: ainsi d'*Ulysse*, du *Colonel Chabert* de Balzac, ou du *Voyageur sans bagage* de Jean Anouilh). Dès lors, le Code prévoit qu'en cas de retour de l'absent, ou si son existence vient à être établie postérieurement au jugement déclaratif d'absence, l'absent, ou toute personne intéressée, ou le procureur de la République peuvent poursuivre l'annulation du jugement déclaratif (art. 129 C. civ.). Le retour ne fait pas, de plein droit, tomber le jugement déclaratif. En cas d'annulation, la dévolution de la succession de l'absent est anéantie. L'absent est de nouveau placé à la tête de son patrimoine. Mais il faut bien protéger celui qui avait hérité provisoirement des biens de l'absent, et surtout les tiers de bonne foi qui ont contracté avec cet héritier. C'est pourquoi notre Code prévoit que l'absent reprend ses biens dans l'état où ils se trouvent. La restitution n'est pas intégrale. Il reçoit aussi les revenus produits par ses biens pendant son absence, ainsi que les biens acquis pendant son absence avec ces revenus (art. 130 C. civ.). Le mariage, et le régime matrimonial, de l'absent restent toujours dissous (art. 132 C. civ.). On veut, par là, éviter les situations de bigamie qui naîtraient dans le cas où le conjoint de l'absent se serait remarié avant le retour de celui-ci. Dans le cas contraire, et si le temps n'a rien enlevé à leurs sentiments, les anciens époux doivent se remarier. Telles sont les principales conséquences du retour de l'absent. Mais il peut arriver que le retour soit encore plus improbable, notamment lorsque la personne a disparu dans des circonstances qui mettent sa vie en danger, c'est alors le régime de la disparition qui doit être appliqué.

B - La disparition

1 - Définition

Comme nous l'avons vu plus haut, il s'agit de la situation de la personne qui a disparu dans des circonstances qui mettent sa vie en danger, mais dont le corps n'a pas été retrouvé (art. 88 C. civ.). Cette définition fait ressortir les deux éléments principaux de la disparition: absence de certitude du décès, puisque le corps n'a pas été retrouvé; incertitude sur l'existence de la personne, puisqu'elle a disparu dans des circonstances mettant sa vie en danger. À la différence de l'absence, le doute sur l'existence de la personne est immédiat. Il résulte des circonstances de la disparition: accident d'avion, catastrophe naturelle, naufrage… (pour un marin disparu lors d'une tempête, alors que le navire était au large, et que la température de l'eau ne dépassait pas neuf degrés, v. Civ. 1re, 14 mars 1995, *Bull.* I, n° 125; *Rép. Defrénois* 1995, p. 1374, obs. Massip; *RTD civ.* 1995, p. 323, obs. Hauser). Il est donc possible d'obtenir tout de suite un jugement déclaratif ayant tous les effets du décès.

2 - Situation juridique du disparu

Contrairement au cas de l'absence, il n'y a pas ici de présomption de survie. Les circonstances de la disparition rendent le décès immédiatement probable. L'article 88 du Code civil permet donc aux membres de la famille du disparu, ou au ministère public de saisir immédiatement le tribunal de grande instance d'une demande de déclaration de la disparition. Le tribunal compétent est celui du lieu de la disparition, si elle a lieu en France. Pour les personnes disparues à l'étranger, le tribunal compétent est celui du dernier domicile ou de la dernière résidence du disparu. Si le tribunal estime que le décès n'est pas suffisamment probable, il peut ordonner des mesures d'information complémentaires, comme la réalisation d'une enquête sur les conditions de la disparition. Si le décès paraît suffisamment probable, le tribunal rend un jugement déclaratif de disparition qui a tous les effets du décès. Le mariage du disparu est dissous, son régime matrimonial est liquidé et sa succession ouverte. Il est fait mention du jugement déclaratif de disparition en marge de l'acte de naissance de l'intéressé et la date de son décès est, en principe, celle de la disparition. En cas de retour du disparu, l'article 92 du Code civil donne au procureur de la République, ou à toute personne intéressée, la possibilité de demander au tribunal de grande instance l'annulation du jugement déclaratif de disparition. Les effets de cette annulation sont les mêmes qu'en cas d'annulation d'un jugement déclaratif d'absence.

Telles sont les principales règles qui régissent l'existence de la personne. Lorsque cette condition d'existence est remplie, l'individu devient sujet de droits. Mais il ne pourra véritablement exercer les droits dont il est titulaire que lorsqu'il sera individualisé.

Lire aussi

Sur la vie et la mort

- Calais B., « La mort et le droit », *D.* 1985, chron., p. 73
- Goustine P. de, « La détermination de la mort en droit positif », *RD sanit. soc.* 1990, p. 595
- Labbée X., *La condition juridique du corps humain avant la naissance et après la mort,* Presses universitaires de Lille, 1990
- Lebreton G., « Le droit, la médecine et la mort », *D.* 1994, chron., p. 352
- Lombois C., « De l'autre côté de la vie », *Mélanges Cornu,* 1994, p. 286
- Murat P., « Réflexions sur la distinction être humain/personne juridique », *Droit de la famille,* sept. 1997, chron., n° 9
- Murat P., « Décès périnatal et individualisation juridique de l'être humain », *RD sanit. soc.* 1995, p. 451
- Pédrot Ph., « Le statut juridique de l'embryon et du fœtus humain en droit comparé », *JCP* 1991, I, 3483
- Philippe C., même titre, *D.* 1996, chron. p. 29
- Portnoi B., « À propos de la définition légale de la mort », *Gaz. Pal.* 1988, doct., p. 300
- Raymondis L.-M., « Problèmes juridiques d'une définition de la mort », *RTD civ.* 1969, p. 29
- Salvage Ph., « La viabilité de l'enfant nouveau-né », *RTD civ.* 1976, p. 725
- Savatier J., *« Et in hora mortis nostrae »,* *D.* 1968, chron., p. 89
- Théry R., « La condition juridique de l'embryon et du fœtus », *D.* 1982, chron., p. 231

Sur l'absence

- Bernard de Saint Affrique J., « L'absence », préf. J. Carbonnier, *Rép. Defrénois,* rééd. 1995.
- Breton, « L'absence selon la loi du 28 décembre 1977: variations sur le thème de l'incertitude », *D.* 1978, chron., p. 241
- Goubeaux G., *Traité de droit civil, Les personnes,* dir. J. Ghestin, 1989, n°s 60 et s.
- Jestaz Ph., *RTD civ.* 1978, p. 203; M. Vivant, « Le régime juridique de la non-présence », *RTD civ.* 1982, p. 1 et s.

Section 2

L'individualisation de la personne

L'identification des personnes est une impérieuse nécessité de la vie juridique. Comment savoir quelles sont les parties à un contrat si l'on ne sait pas les identifier ? À qui demander réparation du préjudice qui résulte d'un accident ou d'une infraction pénale si l'on ne peut en identifier les auteurs ? Comment répartir les biens du défunt si l'on ne sait pas quels sont ses héritiers ? Nécessité juridique et sociale, l'identification des personnes physiques est très souvent assurée aujourd'hui par des procédés techniques (numéros INSEE ou de Sécurité sociale, codes confidentiels, systèmes informatiques de reconnaissance vocale...) ou scientifiques (analyses de sang, empreintes génétiques : art. 16-11 C. civ.). De façon plus classique et moins déshumanisée, le nom (I), le domicile (II), et les divers éléments qui composent l'état des personnes (III) constituent les principaux éléments juridiques d'individualisation des personnes physiques.

I - Le nom

Le nom a précédé la loi. Il s'est formé en dehors d'elle, par l'usage. Au Moyen Âge le nom était le plus souvent un prénom. Peu à peu, ce prénom fut complété par un nom de famille, lui-même généralement issu d'un surnom. La généralisation du nom de famille semble apparaître au XVIIe siècle. C'est alors que l'habitude fut prise de recourir à l'adjectif patronymique pour distinguer le nom du prénom. Le nom patronymique (A) est donc le premier des éléments d'individualisation des personnes. Mais, dans cette fonction d'individualisation, le nom patronymique est aidé par d'autres éléments, qui lui sont accessoires (B).

A - Le nom patronymique

Le nom patronymique est, à l'origine, le nom du père. Aujourd'hui, l'expression nom patronymique désigne le nom de famille que reçoit une personne à sa naissance. Nous verrons qu'il ne s'agit pas toujours du nom du père. D'ailleurs, l'expression jugée trop sexiste, a été supprimée par la loi n° 2002-304 du 4 mars 2002 qui traite désormais du « nom de famille ». Trois questions se posent en matière de nom : celle de sa dévolution (1), celle des changements de nom (2) et celle de la protection du nom (3).

1 - La dévolution du nom de famille

On ne choisit pas son nom de famille. L'attribution de celui-ci résulte en principe de la filiation (a). Le mariage (b), et la possession prolongée (c) peuvent cependant produire certains effets en matière de nom.

a. La dévolution du nom par filiation

La question de la dévolution du nom par filiation a été considérablement renouvelée par la loi du 4 mars 2002 précitée. Cette loi a elle même été modifiée par la loi n° 2003-516, du 18 juin 2003 qui a repoussé l'entrée en vigueur de ces deux réformes au 1er janvier 2005. Il convient donc de distinguer les règles applicables jusqu'au 31 décembre 2004 et celles qui s'appliqueront au-delà de cette date.

1. Les règles applicables jusqu'au 31 décembre 2004

Même s'il n'en a pas toujours été ainsi, le nom est conçu, en droit positif, comme une conséquence du lien de filiation. Pour autant, les règles d'attribution ne sont pas identiques d'une filiation à l'autre. Il faudra donc distinguer. En outre, la loi prévoit des règles spécifiques pour les enfants sans filiation, afin d'éviter qu'ils ne soient dépourvus de nom.

L'enfant légitime porte le nom de son père. Cette règle coutumière, qui tire son origine de la transmission héréditaire du surnom, a pour conséquence que les femmes reçoivent le nom de leur père, mais ne le transmettent pas si elles se marient. **L'enfant naturel** se trouve, quant à lui, dans une situation plus complexe en matière de nom. Il porte, en principe, le nom de celui de ses parents envers lequel sa filiation est établie en premier lieu (art. 334-1 C. civ.). Mais ce principe connaît trois dérogations.

Lorsque la filiation de l'enfant a été établie simultanément à l'égard des deux parents – par exemple à la suite d'une reconnaissance souscrite conjointement – l'enfant porte le nom de son père (art. 334-1 C. civ.).

Lorsque la mère reconnaît l'enfant en premier et que le père le reconnaît en second, les parents peuvent, d'un commun accord, attribuer à l'enfant le nom du père par une déclaration conjointe devant le greffier en chef du tribunal de grande instance (art. 334-2 C. civ.). Si l'enfant a plus de treize ans, il doit donner son consentement personnel au changement de nom.

À défaut d'accord des parents naturels, la déclaration conjointe est impossible et l'article 334-3 impose d'obtenir du juge aux affaires familiales une décision de changement de nom. D'après la Cour de cassation, l'adjonction des patronymes accolés des parents est interdite, et ce changement doit prendre la forme d'une substitution de noms (Civ. 1re, 16 nov. 1982, *D.* 1983, p. 17, note Huet-Weiller).

Parce qu'il perd ses liens avec sa famille d'origine, **l'enfant adopté** plénièrement perd son nom d'origine et acquiert le nom de l'adoptant (art. 357 C. civ.). L'enfant adopté simplement est dans la situation inverse. Ses liens avec sa famille d'origine n'étant pas rompus, il conserve son nom d'origine et y ajoute celui de l'adoptant (art. 363 C. civ.).

Au siècle de l'égalité des sexes, les règles qui régissent la dévolution du nom au sein de la famille légitime ont été critiquées comme reflétant une structure patriarcale de la famille, et traduisant une domination injuste du mari. Sensible à ces revendications, le législateur de 1985 a institué pour les enfants un système de nom d'usage dont l'utilité est plus qu'incertaine. D'après l'article 43 de la loi du 23 décembre 1985 qui a réformé les régimes matrimoniaux, « toute personne majeure peut ajouter à son nom, à titre d'usage, le nom de celui de ses parents qui ne lui a pas transmis le sien ». Outre sa formulation peu adroite, ce texte appelle plusieurs précisions. Pour l'enfant légitime, tout d'abord, qui porte le nom de son père au titre de sa filiation, la loi nouvelle se traduit par la possibilité d'y ajouter le nom de sa mère à titre d'usage. Pour l'enfant naturel, ensuite, la situation est plus complexe. Il peut ajouter à son nom de filiation le nom de son autre parent à titre d'usage, à condition toutefois que sa filiation soit établie à l'égard de ses deux auteurs (en vertu de la règle de la divisibilité de la filiation naturelle, sur laquelle, v. J. Hauser, *La filiation,* Dalloz, coll. « Connaissance du droit », 1996, p. 50). De troisième part, le texte ne vise que les majeurs. Pour les enfants mineurs, le choix de recourir au nom d'usage appartient aux titulaires de l'autorité parentale, mais l'enfant pourra modifier ce choix à sa majorité. En outre, pendant sa minorité, il semble que l'enfant de plus de treize ans doive consentir à la modification de son nom (en ce sens, F. Laroche-Gisserot, *Les droits de l'enfant,* Dalloz, coll. « Connaissance du droit », 2e éd., 2003, qui invoque l'art. 61-3 C. civ.). Cette solution a l'avantage d'assurer une certaine homogénéité du droit en la matière, tous les changements nécessitant le consentement du mineur de plus de treize ans. Mais elle se fonde sur le postulat que le recours au nom d'usage s'analyse comme un changement de nom, ce qui n'est pas certain. Enfin, et c'est peut-être l'observation la plus importante, le nom d'usage n'est pas transmissible, de sorte que celui qui le porte ne transmet à ses descendants que son nom de filiation. Le nom d'usage est en quelque sorte un nom viager. Ainsi le doyen Carbonnier a-t-il bien raison d'évoquer une demi-mesure, car l'institution du nom d'usage ne satisfait nullement les partisans d'une égalité totale entre les parents quant à la transmission du nom. À vrai dire, cette égalité ne semble pouvoir être obtenue que de deux façons. Soit par la transmission aux enfants des noms accolés des deux parents – l'égalité est alors parfaite, mais on prend le risque d'un allongement considérable et difficilement maîtrisable des patronymes au fil des générations –, soit par la transmission d'un seul nom, choisi par les parents ou bien lors de leur mariage (système en vigueur en allemagne) ou bien lors de la naissance des enfants (système du droit québecois). Dans ce dernier cas, on prend alors le risque de voir disparaître l'unité du nom au sein de la famille, et de faire apparaître d'importants conflits (en cas de désaccord entre les parents, ou avec l'enfant) qui judiciariseront encore un peu plus le droit des personnes. En dépit de ces dangers, le législateur n'a pas craint d'intervenir.

2. Les règles applicables à compter du 1er janvier 2005

Ces règles résultent de la loi n° 2002-304 du 4 mars 2002 *relative au nom de famille*, modifiée par la loi n° 2003-516 du 18 juin 2003 *relative à la dévolution du nom de famille*. Trois situations doivent désormais être distinguées :

— lorsque l'enfant a une filiation établie simultanément à l'égard de ses deux parents (enfant légitime, enfant naturel reconnu simultanément par ses deux parents) ceux-ci peuvent choisir d'attribuer à leur enfant « soit le nom du père, soit le nom de la mère, soit leurs deux noms accolés dans l'ordre choisi par eux [...] » (C. civ., art. 311-21). Ce choix résulte d'une déclaration conjointe des père et mère devant l'officier d'état civil. La dévolution automatique du nom du père est donc supprimée. Mais la portée de ce principe nouveau est quasiment ruinée par la disposition selon laquelle en l'absence de déclaration conjointe à l'officier d'état civil, l'enfant prendra le nom du père (même article). La règle est évidemment supplétive. Mais elle s'appliquera aussi en cas de désaccord des parents. Et aucun recours (notamment judiciaire) n'est prévu, ce dont, eu égard à l'encombrement de nos juridictions, on ne peut que se féliciter. Le choix fait par les parents pour le premier enfant commun s'impose pour tous les autres. Enfin, lorsque les parents portent eux-mêmes deux noms, ils ne peuvent en transmettre qu'un seul à leur enfant, ceci pour éviter une accumulation des noms de famille au fil des générations ;

— lorsque l'enfant a une filiation établie successivement à l'égard de ses deux parents (par exemple enfant naturel reconnu en premier par sa mère et en second par son père, il porte, en prin-

cipe, le nom du parent à l'égard duquel sa filiation a été établie en premier; C. civ., art 334-1). Mais la loi du 18 juin 2003 prévoit que les parents pourront, pendant toute la minorité de l'enfant et par déclaration conjointe devant l'officier d'état civil, soit choisir que l'enfant portera le double nom (en application des règles ci-dessus), soit lui faire porter le nom de celui de son parent à l'égard duquel la filiation a été établie en second;
— lorsque l'enfant n'a de filiation établie qu'à l'égard d'un seul de ses parents, il ne peut porter que le nom de ce parent. Point n'est question de double nom, sauf en cas d'établissement ultérieur d'un autre lien de filiation, ce qui nous ramène au cas précédent.

Que penser de ces règles nouvelles? Il y aurait beaucoup à dire sur le parti-pris féministe du projet qui a abouti à la loi du 4 mars 2002, sur le contexte politique de son adoption (à la veille d'échéances présidentielles et législatives délicates pour le gouvernement Jospin) et sur la procédure législative utilisée (sur laquelle v. H. Lécuyer, « La navette était un TGV », *Dr. fam.*, avril 2002, *Repères*, n° 4). D'un strict point de vue juridique, on constate que les règles de dévolution du nom se trouvent sensiblement alourdies pour un bénéfice somme toute modeste. Mais le plus grave est sans doute qu'en soumettant le choix du nom à la volonté des parents, le législateur a ouvert un nouveau champ de conflits pour lesquels il n'a pas prévu de solution (si ce n'est l'application d'office du nom du père). Était-il bien utile, à une époque ou un tiers des mariages se solde par un divorce, d'instituer un nouveau sujet de discorde entre les parents? Il est infiniment moins dévastateur d'en vouloir à la loi que d'en vouloir à son conjoint… Le législateur de 2002 aurait dû méditer cela.

Reste la situation des enfants qui, parce qu'ils sont dépourvus de toute filiation, ne peuvent recevoir aucun nom de leurs parents. Il s'agit pour l'essentiel des enfants trouvés, ou des enfants dont la mère a accouché sous X (art. 341-1 C. civ.). Dans ces hypothèses, l'officier d'état civil doit attribuer à l'enfant trois prénoms (art. 57, al. 2 C. civ.), le dernier faisant office de nom (par ex. : Claude, Auguste Michel). En cas d'adoption ou d'établissement ultérieur de la filiation de l'enfant, celui-ci portera le nom de l'adulte envers lequel sa filiation a été établie, et le prénom qui faisait office de nom redeviendra un prénom ordinaire (ex. : Claude, Auguste, Michel Duchemol). Outre son intérêt technique, qui consiste à donner à l'enfant un nom, la disposition de l'article 57, al. 2, est aussi porteuse de symbole : l'enfant sans filiation, donc sans famille, n'est pas un enfant sans nom. La loi l'identifie, et reconnaît sa dignité, comme tout autre enfant.

Telles sont les conséquences que la filiation – ou son absence – engendrent en matière de nom. Mais un autre événement de la vie des personnes produit des effets, il est vrai plus limités, sur le nom : il s'agit du mariage.

b. L'attribution du nom par mariage

Par son mariage, chaque époux acquiert l'usage du nom de son conjoint. En pratique, la règle s'applique surtout à la femme. Il en résulte que la femme qui se marie ne change pas de nom patronymique. Elle conserve le nom que lui donne son lien de filiation mais acquiert, en plus, le droit d'user du nom de son mari. Il s'agit pour elle d'une simple faculté, non d'une obligation. Dès lors, une femme mariée peut parfaitement ne pas utiliser le nom marital ; elle peut aussi accoler son nom patronymique au nom marital. Ce nom d'usage, d'origine coutumière, remonte au XIVe siècle. Sa justification semble tenir à l'idée qu'il faut instaurer, au sein de la famille, une certaine unité du nom. Reste que cette unité pourrait parfaitement être organisée au profit du nom de l'épouse. Tel est, par exemple, le cas en Allemagne où, lors de leur mariage, les époux peuvent choisir le nom de l'épouse comme nom de famille.

Le seul véritable problème que pose le nom de la femme mariée, c'est celui du divorce. Quelles conséquences le divorce entraîne-t-il sur le nom de la femme ? Le Code civil pose en principe, qu'après le divorce, chacun des époux reprend l'usage de son nom (art. 264 C. civ.). Si elle portait le nom de son mari, la femme retrouve donc l'usage de son nom patronymique, qui n'a jamais cessé d'être son nom, même si elle ne l'utilisait plus. Reste que ce changement risque de causer à la femme un préjudice, notamment si elle a acquis une notoriété, par exemple professionnelle, sous le nom marital. Aussi l'article 264 prévoit-il plusieurs exceptions. En cas de divorce pour rupture de la vie commune la femme, lorsqu'elle est défenderesse, a un droit acquis à conserver l'usage du nom de son ancien mari. Et elle n'a pas à démontrer l'existence d'un motif légitime, car la loi entend la protéger. En effet, il s'agit soit d'une épouse abandonnée, soit d'une épouse malade mentale (v. P. Courbe, *Le divorce,* Dalloz, coll. « Connaissance du droit », 3e éd., 1999). Dans les autres cas de divorce, la femme peut conserver l'usage du nom de son ancien mari soit avec l'accord de celui-ci, soit avec l'accord du juge. Dans le premier cas, l'autorisation maritale ne peut être révoquée que pour juste motif, notamment si la femme fait du nom du mari un usage abusif (TGI Paris, 10 févr. 1981, aff. *De Wangen, D.* 1981, p. 443, note Lindon; *JCP* 1981, II, 19624, note Huet-Weiller). Dans le second, le femme doit rapporter la preuve d'un intérêt légitime. Il en est généralement ainsi lorsque la femme a acquis une notoriété, notamment professionnelle, sous le nom de son ancien mari (pour une femme médecin, v. Montpellier, 4 mars 1993, *Juris-Data* 1993, n° 034370; pour une femme artiste peintre: Paris, 15 mai 1991, *Juris-Data* 1991, n° 021523). En revanche, le simple fait qu'elle se soit vu confier les enfants par la décision de divorce n'est généralement pas considéré comme suffisant. Il semble enfin que le remariage de la femme divorcée lui fasse perdre le droit de porter le nom de son ancien mari (TGI Paris, 10 févr. 1981, préc.). Cette solution n'est pas très satisfaisante car elle cause à la femme divorcée le préjudice professionnel que l'on avait précisément voulu lui épargner en l'autorisant à porter le nom de son ancien mari. Dès lors, il semble préférable d'admettre que la femme remariée peut conserver l'usage du nom de son ancien mari, pour les besoins de son activité professionnelle seulement. En toute hypothèse, il est plus sûr et plus simple que la femme mariée exerce sa profession sous son nom personnel, ou sous le double nom.

c. L'acquisition du nom par possession prolongée

Le fait de porter un nom pendant de nombreuses années peut-il conférer à celui qui le porte un droit sur ce nom ? En d'autres termes, peut-on concevoir une prescription acquisitive du nom ? Les auteurs classiques donnaient à cette question une réponse négative pour cette raison que le nom est un des éléments de l'état des personnes, lequel est imprescriptible. En outre, admettre les effets de la possession prolongée du nom revient à admettre les changements de nom. Or les auteurs classiques pensaient que le nom était immuable. Ces arguments ont été discutés par la doctrine moderne. Sur le premier argument, on peut faire valoir que depuis 1972, les actions relatives à la filiation se prescrivent par trente ans (art. 311-7 C. civ.). Quant au deuxième, il suffit d'indiquer que notre droit positif autorise, dans certains cas particuliers, les changements de nom (v. *infra,* p. 47). Cependant, admettre trop librement les changements de nom nuirait à la fonction de désignation du patronyme, qui postule une certaine stabilité du nom. De plus, donner des effets à une prescription acquisitive trop courte permettrait aux usurpateurs de régulariser aisément leur usurpation, alors que la jurisprudence refuse, quant à elle, toute prescription extinctive du nom (Civ. 1re, 15 mars 1988, *D.* 1988, 549, note Massip). Ces raisons conduisent les juridictions à n'admettre que très restrictivement les effets de la possession en matière de nom. La Cour de cassation pose deux conditions. La durée de la possession doit être très longue, s'étendant sur plusieurs générations, et l'on ne doit relever aucune fraude à l'origine de la modification du nom (v. notamment Civ. 1re, 17 mai 1966, *D.* 1966, p. 631, aff. *Mortemart* ; Civ. 1re, 1er juill. 1968, *D.* 1968, 685, note Savatier; Civ. 1re, 6 juill. 1977, *D.* 1978, 396, note Agostini). Ces deux conditions sont appréciées souverainement par les juges du fond (Civ. 1re, 25 mai 1992, *D.* 1992, p. 445, note Boulanger).

2 - Le changement de nom

L'ancien droit admettait facilement les changements de nom, à condition qu'ils ne soient pas inspirés par la fraude et qu'ils ne portent pas préjudice aux tiers. Cependant, très vite, le changement de nom deviendra un moyen d'échapper à l'impôt. Le pouvoir royal tentera alors de contrôler les changements, mais c'est le droit révolutionnaire qui portera ce contrôle à son apogée. Ainsi, l'article 1er de la loi du 6 fructidor an II, toujours en vigueur, dispose: « Aucun citoyen ne pourra porter de nom ni de prénom autres que ceux exprimés dans son acte de naissance: ceux qui les auraient quittés sont tenus de les reprendre. » Et la loi du 11 germinal an XI (aujourd'hui abrogée, mais dans la forme seulement) place les changements de noms sous le contrôle de l'État. Le nom devient ainsi une institution de police civile. Sa fonction d'individualisation, de désignation, se renforce, qui impose que les changements de noms soient exceptionnels. C'est pourquoi, aujourd'hui, le nom ne peut être modifié que de deux manières: par changement d'état ou par voie administrative. Le changement de nom par changement d'état s'explique par cette raison que le nom est une conséquence du lien de filiation. Dès lors, toute modification du lien de filiation produit nécessairement des conséquences sur le nom. Il en est ainsi en cas d'établissement du lien de filiation; en cas de contestation de ce lien ou en cas d'adoption. Quant au changement de nom par voie administrative, il est susceptible de deux modalités; l'une, de droit commun: le changement pur et simple, l'autre réservée aux nouveaux français: la francisation.

Le changement pur et simple du nom (C. civ., art. 61 et s.) fait l'objet d'une procédure administrative. Il résulte d'un décret du ministre de la Justice et est subordonné à la condition que l'intéressé justifie d'un motif légitime (nom ridicule, déshonoré ou qui prête à confusion). Le décret autorisant le changement de nom est publié au *Journal officiel*. Cette publication ouvre aux porteurs légitimes du nom attribué au requérant un délai de deux mois pour faire opposition au changement de nom devant le Conseil d'État. À défaut d'opposition, ou lorsque celle-ci est rejetée, le changement de nom devient définitif. Il s'étend de plein droit aux descendants mineurs du demandeur, lorsqu'ils ont moins de treize ans. Au-delà, l'enfant doit consentir personnellement au changement.

La francisation du nom est une modification accessoire à une procédure de naturalisation. Elle vise à permettre une meilleure intégration de ce nouveau français dans la communauté nationale. La francisation résulte d'un décret du ministre de l'Intérieur. Ce décret est publié au *Journal officiel,* et cette publication ouvre, là encore, aux tiers un délai de deux mois pour faire opposition. Le bénéfice de la francisation s'étend de plein droit aux enfants mineurs, sans qu'il faille distinguer en fonction de leur âge. Il semble donc, contrairement à ce que nous avons remarqué en matière de changement, que les enfants de plus de treize ans n'aient pas à consentir à la francisation de leur nom.

L'étroitesse de la procédure de changement de nom a été contestée par certains auteurs qui souhaitent que les changements de nom soient entièrement libres comme c'est le cas en droit américain. Cette idée n'a pas (encore ?) séduit le législateur, ce qui paraît raisonnable dans la mesure où la société – pour les raisons de police que nous avons déjà rencontrées, et de sécurité juridique – et l'individu lui-même – pour des raisons tenant à la construction de son identité, au sens psychologique du terme – semblent avoir intérêt à une relative stabilité du nom.

3 - La protection du nom

Une question préliminaire, qui n'est toujours pas tranchée en totalité, a pendant fort longtemps été de savoir quel est le fondement de la protection du nom. La réponse a, dans un premier temps, été recherchée dans le droit de propriété. Ainsi certains auteurs et certains arrêts anciens affirmaient-ils que le nom est, sinon la propriété exclusive de celui qui le porte, du moins la propriété collective de la famille (ne parle-t-on pas du nom de famille ?). Cette analyse est, aujourd'hui, unanimement rejetée. En effet, la propriété ne se conçoit que sur des choses. En outre, le concept de propriété rend mal compte des droits dont les individus disposent sur leur nom (il est impossible de vendre ou de louer son nom, même s'il y a quelques dérogations en matière commerciale, mais s'agit-il encore d'un nom ?). Pour autant, il ne suffit pas d'écarter un fondement. Encore faut-il en proposer un autre. Sur ce point, la doctrine quasiment unanime admet aujourd'hui que le nom est étroitement attaché à l'individu parce qu'il est, comme le disait Planiol, le signe fondamental de son identité. On s'accorde donc aujourd'hui pour voir dans le nom un attribut de la personnalité, c'est-à-dire l'une de ces prérogatives qui appartiennent à tout individu du fait de sa naissance. Cette prérogative permet à l'individu d'agir en défense de son nom soit en cas d'usurpation (a) soit en cas d'utilisation abusive (b).

a. La défense du nom contre les usurpations

L'usurpation est le fait, pour une personne, d'utiliser, dans les actes de la vie civile, un nom sur lequel elle n'a aucun droit, ni au titre de sa filiation, ni au titre de son mariage. L'usurpateur cherche généralement à bénéficier du prestige qui s'attache au nom qu'il usurpe. Dans cette hypothèse, la loi donne au porteur légitime du nom une action efficace : l'action en usurpation de nom. L'efficacité apparaît d'abord dans la finalité de l'action : le porteur légitime peut obtenir du tribunal de grande instance qu'interdiction soit faite à l'usurpateur, éventuellement sous astreinte, d'utiliser son nom. Mais l'efficacité apparaît aussi dans les conditions de l'action puisque ni la faute, ni le préjudice ne sont nécessaires. L'intérêt à agir, qui est la condition nécessaire de toute action en justice, réside dans l'usurpation elle-même. Ainsi est-il possible d'agir en usurpation de nom alors même que le demandeur ne subit aucun préjudice. La jurisprudence exige seulement l'existence d'un risque de confusion entre la famille de l'usurpateur et celle du porteur légitime du nom usurpé. Les conditions de l'action en usurpation sont donc très peu contraignantes. Il en est tout autrement lorsque le nom fait l'objet non plus d'une usurpation, mais d'une simple utilisation abusive.

b. La défense du nom contre les utilisations abusives

L'utilisation abusive se distingue de l'usurpation par cela que l'agent ne cherche pas à utiliser le nom d'autrui à la place du sien propre dans tous les actes de sa vie civile, mais qu'il en fait usage seulement dans le cadre d'une activité déterminée. Il en est ainsi, par exemple, du fabricant qui donne à son produit un nom porté par un tiers, ou de l'auteur d'une œuvre de fiction, film ou roman, qui nomme ses personnages en utilisant, parfois involontairement, le nom de tierces personnes. On trouve même, en jurisprudence, quelques rares exemples d'utilisation abusive du nom d'autrui à titre de pseudonyme (Civ. 1re, 23 févr. 1965, aff. *La Villéon, D.* 1965, p. 387, note F. B.; *JCP* 1965, II, 14255, note Nepveu; *RTD civ.* 1966, p. 69, obs. Nerson). La loi accorde aux tiers victimes une protection qui est moins énergique qu'en cas d'usurpation. En effet, la victime d'une utilisation abusive de son nom peut saisir le juge civil selon les termes du droit commun de la responsabilité civile. C'est dire que le demandeur doit démontrer l'existence d'une faute, d'un préjudice, et d'un lien de causalité. La faute peut être soit volontaire – caractérisée par une intention de nuire: l'auteur de l'œuvre de fiction met en scène un personnage ridicule auquel il donne le nom de l'un de ses ennemis – soit involontaire: il s'agit alors d'une imprudence ou d'une négligence – l'auteur de l'œuvre de fiction choisit un nom dont il ignore qu'il appartient à un tiers.

Dans ce dernier cas, on considère de manière sans doute excessive qu'il aurait dû vérifier que le nom qu'il choisissait n'était porté par personne (est-ce possible ?). À défaut, il aurait dû demander à tous les porteurs légitimes l'autorisation d'utiliser leur nom (si l'autorisation n'a été donnée que par certains d'entre-eux, les autres peuvent agir: TGI Paris, 3 janv. 1986, aff. *Rothschild, D.* 1987, p. 115, note Burst).

Le préjudice s'analyse en un risque de confusion entre le demandeur et le personnage de l'œuvre de fiction ou le produit commercialisé. Ainsi, lorsque l'auteur d'une œuvre de fiction utilise le nom d'une personne qui existe réellement, sa responsabilité ne se trouve engagée que si le personnage fictif est présenté sous un jour désavantageux, et s'il y a un risque de confusion avec le personnage véritable (Paris, 28 déc. 1968, aff. *Daninos, D.* 1968, p. 437, confirmé par Cass. civ. 2 juill. 1969, *RTD civ.* p. 1969, 161, obs. Nerson).

On enseigne habituellement que le risque de confusion n'existe véritablement que lorsque les porteurs légitimes du nom utilisé sont peu nombreux et portent un nom célèbre, de sorte que les noms très répandus ou peu illustres ne bénéficient pas de la protection de la loi, car le public n'est pas conduit à faire un rapprochement entre un produit ou une œuvre de fiction et le demandeur à l'action (en ce sens, v. Civ. 12 oct. 1965, aff. *Planta, Bull.* III, n° 491, p. 444; Paris, 4 juin 1968, aff. *François Dop, D.* 1969, p. 388, note Foulon-Piganiol). Pour être classique, cette analyse ne paraît pas pleinement convaincante. En effet, il est illogique d'admettre que les noms répandus sont exclus de la protection contre les utilisations abusives alors que l'on présente aujourd'hui cette protection comme un attribut de la personnalité, c'est-à-dire une prérogative qui profite à tous les individus, qu'ils soient célèbres ou inconnus. Il est donc plus cohérent de poser en principe que toute personne peut agir en défense de son nom contre les usurpations, étant précisé que le préjudice sera d'autant plus grand que la victime de l'utilisation abusive est connue. Quant au lien de causalité, il impose au demandeur d'établir que le préjudice dont il réclame réparation est bien consécutif à la faute, intentionnelle ou d'imprudence, commise par l'agent.

L'étude de la protection du nom révèle, s'il en était encore besoin, que le nom est quasiment considéré aujourd'hui comme un attribut de la personnalité. Pour autant, cet individualisme du nom ne lui retire pas toute dimension collective. Celle-ci apparaît très nettement lorsque l'on cherche à recenser les titulaires du droit d'agir en défense du nom. Il est certain que ceux qui portent eux-mêmes le nom usurpé ou utilisé sans autorisation par autrui peuvent agir en défense de leur nom. Mais on admet aussi que la femme mariée qui use du nom de son mari reste titulaire du droit d'agir pour les atteintes à son propre patronyme. Allant plus loin, la jurisprudence reconnaît que les descendants par les femmes conservent le droit d'agir en défense du nom de leur aïeul – qu'ils n'ont eux-mêmes jamais porté. Enfin, l'inaction de certains membres de la famille n'interdit pas aux autres d'agir en défense du patronyme familial. Tout ceci illustre parfaitement l'originalité profonde du nom, à la fois attribut individuel et bien de famille. Comme nous allons le voir à présent, les accessoires du nom ne soulèvent, quant à eux, que très peu d'interrogations sur leur nature juridique.

B - Les accessoires du nom

Bien que son intérêt juridique soit très inférieur au nom, l'accessoire le plus important est incontestablement le prénom (1). Nous présenterons ensuite les principaux autres accessoires du nom (2).

1 - Le prénom

Le prénom sert à distinguer les membres d'une même famille, ou les personnes qui portent le même nom patronymique. À la différence du nom, qui est attribué par la loi, le prénom est choisi librement (a). En revanche, on ne peut en changer que moyennant un contrôle étatique (b).

a. Le choix du prénom

Le choix du ou des prénoms est fait par les parents. Jusqu'à la loi du 8 janvier 1993, ceux-ci devaient exercer leur choix parmi les prénoms figurant sur les différents calendriers (calendrier grégorien et calendrier révolutionnaire) ou parmi ceux des personnages de l'histoire ancienne. Cette obligation, prévue par la loi du 11 germinal an XI aujourd'hui abrogée, traduisait la volonté de l'État d'exercer un contrôle sur le choix des prénoms. L'officier d'état civil pouvait ainsi refuser d'inscrire le prénom choisi par les parents, ceux-ci devant alors saisir le tribunal de grande instance pour obtenir l'inscription. Outre qu'il reflétait un impératif de contrôle étatique aujourd'hui dépassé, ce système ne mettait nullement à l'abri contre le choix de prénoms ridicules. En effet, la Cour de cassation avait jugé que la référence aux « différents calendriers » inscrite dans la loi de l'an XI incluait le calendrier révolutionnaire. Et elle en avait déduit la licéité du prénom *Cerise* (Civ. 1re, 10 juin 1981, *D.* 1982, p. 160, note Agostini), qui fut cependant repoussé par la cour de renvoi (Bourges, 2 mars 1983, *Gaz. Pal.* 1983, 2, 378, concl. Petit). Ceci montre parfaitement que le seul contrôle admissible doit être destiné à protéger l'enfant contre un prénom ridicule ou difficile à porter. C'est en ce sens que s'est orientée la loi du 8 janvier 1993. Le texte nouveau supprime toute référence aux calendriers : la liberté de choix des parents est donc désormais totale. Ainsi les parents peuvent-ils exercer leur choix au gré des traditions familiales (donner au premier né le prénom de son grand-père paternel et à l'aînée des filles celui de sa grand-mère maternelle), ou de leurs croyances religieuses, de leurs opinions politiques voire des modes : il y a eu la mode des prénoms régionaux (bretons, alsaciens, catalans, basques...). À quand la mode des prénoms d'Europe de l'Est ou des prénoms asiatiques ? Ce phénomène de mode, comme le souci de certains parents de faire à tout prix œuvre originale, justifient à eux seuls l'existence d'un contrôle. Depuis la loi de 1993, celui-ci s'exerce *a posteriori*. L'officier de l'état civil ne peut plus refuser l'inscription du prénom. Mais lorsque les prénoms choisis lui paraissent contraires soit à l'intérêt de l'enfant soit, ce qui est nouveau, au droit des tiers de protéger leur patronyme – on suppose que le prénom choisi est aussi le nom patronymique d'un tiers... il y aurait donc une nouvelle forme d'usurpation du nom... en tant que prénom –, il peut avertir le procureur de la République qui pourra à son tour, s'il l'estime utile, saisir le juge aux affaires familiales pour faire interdire l'usage du prénom litigieux. La jurisprudence offre peu d'exemples d'application de ce nouveau système. Des décisions rendues sous l'empire du droit antérieur, il ressort que les conflits sont assez peu nombreux et que les décisions publiées admettent le plus souvent le prénom contesté. On trouve, cependant quelques exemples de prénoms refusés, comme contraires à l'intérêt de l'enfant: Manhattan, qui est un nom de lieu, pas un prénom (Civ. 1re, 17 juill. 1984, *D.* 1984, p. 609, note Massip); Fleur de Marie, prénom de l'héroïne des *Mystères de Paris,* d'Eugène Sue (Civ. 1re, 1er oct. 1986, *JCP* 1987, 20894, note Agostini); Prune (TGI Dole, 3 févr. 1987, *RTD civ.* 1987, p. 81, obs. Rubellin-Devichi; face à ce refus, les parents ont proposé Olive qui était, à l'époque, licite car il figure dans le calendrier révolutionnaire !).

b. Les changements de prénom

Dans certains cas le changement de prénom peut être obtenu par voie de conséquence. Il en est ainsi en cas de modification de l'état de l'individu (adoption plénière: art. 357, al. 2, C. civ.; changement de sexe: v. *infra,* p. 65) ou en cas d'acquisition de la nationalité française (francisation: v. *supra,* p. 47). En dehors de ces cas, l'article 60 du Code civil organise une procédure autonome, qui permet au juge aux affaires familiales d'autoriser le changement de prénom. Celui-ci n'est cependant pas de droit, et le demandeur doit rapporter la preuve d'un intérêt légitime. Il en est ainsi lorsque le prénom est ridicule (v. Paris, 29 juin 1962, *JCP* 1963, II, 13011), ou lorsqu'il s'agit d'un prénom étranger (le changement de prénom facilite l'intégration dans la communauté française: TGI Montluçon, 12 avr. 1974, *D.* 1974, p. 639). La jurisprudence admet également que la pratique d'une religion constitue un intérêt légitime au changement (Civ. 1re, 5 mars 1990, *D.* 1990, p. 477, note Massip; Paris, 26 sept. 1996, *D.* 1996, IR, p. 241). En revanche, la demande est rejetée lorsqu'elle procède d'une simple convenance personnelle (TGI Agen, 19 juin 1992, *D.* 1994, p. 86, note Nicoleau). Enfin, comme en matière de nom, se trouve posée la question de l'usage prolongé. L'usage prolongé d'un prénom différent de ceux mentionnés sur l'acte de naissance constitue-t-il un intérêt légitime au changement ? En dépit de l'article 1er de la loi du 6 fructidor an II, toujours en vigueur, qui pose le principe de l'immutabilité du prénom, la jurisprudence l'admet (Versailles, 9 janv. 1989, *D.* 1989, IR, p. 69) à condition toutefois que l'usage prolongé n'ait pas été instauré par le demandeur lui-même. Mais la jurisprudence n'est pas très exigeante quant à cette preuve (Paris, 21 nov. 1995, *D.* 1996, p. 355, et nos obs.), ce qui ne paraît pas très opportun dans la mesure où, comme nous l'avons déjà vu pour le nom, la société est intéressée à une certaine stabilité de l'état civil.

2 - Les autres accessoires

Ils sont au nombre de trois: le surnom, le pseudonyme et les titres nobiliaires. Le surnom est une appellation donnée à une personne par le public. Le surnom s'ajoute au nom patronymique. En dépit de l'interdiction des surnoms par la loi du 6 fructidor an II, ils restent répandus, dans les campagnes surtout, ou dans certaines corporations (notamment celle des compagnons du devoir). Ils n'ont aucune valeur juridique et ne font pas partie de l'état civil. Mais ils peuvent être utilisés dans les actes administratifs ou notariés comme compléments d'identification. Ils sont alors précédés du mot « dit ».

À la différence du surnom, qui est imposé par les tiers, le pseudonyme est choisi par l'intéressé lui-même. Il s'agit d'un nom d'emprunt qu'une personne utilise en vue de cacher sa véritable identité dans le cadre d'une activité particulière: littéraire, artistique ou même guerrière (Leclerc de Hautecloque, Chaban-Delmas...). Le choix du pseudonyme est libre, sous réserve du droit du porteur légitime du nom choisi comme pseudonyme d'agir en usurpation. Le pseudonyme est protégé comme l'est le nom commercial. Il n'est pas transmissible par filiation, mais le porteur du pseudonyme peut accepter d'étendre celui-ci à ses descendants (par ex.: Alexandre Dumas père et Alexandre Dumas fils ou, dans un tout autre style: Johnny Halliday et David Halliday).

Les titres de noblesse sont aujourd'hui des accessoires honorifiques du nom. Supprimés dans la nuit du 4 août 1789, ils ont été rétablis en 1814 et en 1852. Ils font donc toujours partie de l'état civil de leur titulaire et restent régis, quant à leur dévolution, par les règles de l'ancien droit. Le titre n'est en principe dévolu qu'à une seule personne à la fois. Il se transmet de mâle en mâle par ordre de primogéniture et ne peut s'acquérir par l'usage, fût-il prolongé (Civ. 1re, 11 mai 1948, *Bull.* I, n° 141). Le titre de noblesse est, comme le nom, protégé contre l'usurpation ou l'utilisation abusive. Et, comme en matière de nom, tous les membres de la famille peuvent agir en défense du titre devant le tribunal de grande instance. En revanche, les actions tendant à la vérification ou à la confirmation d'un titre de noblesse relèvent de la compétence d'une juridiction administrative spécialisée: le conseil d'administration du ministère de la justice (T. confl., 17 juin 1899, *S.* 1900, 3, p. 17, note M. Hauriou).

Lire aussi

Sur le nom

- Agostini E., « La protection du nom patronymique et la nature du droit au nom », *D.* 1973, chron., p. 313
- Carbonnier J., *Le nom de l'enfant, in Droit et passion du droit sous la Ve République,* Flammarion, 1996, p. 239
- Gobert M., « Le nom ou la redécouverte d'un masque », *JCP* 1980, I, 2966
- Grimaldi M., « Patronyme et famille: l'attribution du nom », *Rép. Defrénois* 1987, p. 1427
- Jestaz Ph., « À propos du nom patronymique: diagnostic et pronostic », *RTD civ.* 1988, p. 269
- Lefebvre-Teillard A., *Le nom, droit et histoire,* PUF, coll. « Léviathan », 1990
- Nerson, « Le nom des personnages de romans », *Mélanges Kayser,* Presses universitaires d'Aix-Marseille, 1979, tome 2, p. 303

Sur le prénom

- Corpart-Oulerich I., « Transsexualisme et prénom », *Petites affiches,* 28 juill. 1993, p. 45
- Petit H., « Le choix des prénoms », *Gaz. Pal.* 1984, I, doct., p. 107

Sur les autres accessoires du nom

- Brin H.-L., « La survie des titres de noblesse dans le droit moderne », *RTD civ.* 1969, p. 205

II - Le domicile

Le domicile permet l'individualisation géographique de la personne, en la rattachant à un lieu. Le terme domicile vient du latin *domus*: la maison. Il sert à désigner un lieu résidentiel stable, par opposition aux autres modes d'habitation plus ou moins éphémères. La première difficulté qui se pose au juriste consiste donc à définir la notion de domicile (A). Mais une autre question se pose: à partir de quand peut-on considérer qu'une personne a fixé son domicile dans tel ou tel endroit? C'est la question de la détermination du domicile (B).

A - La notion de domicile

La notion de domicile est ambiguë parce qu'elle recouvre volontiers, dans le langage courant, deux sens différents, l'un abstrait: le domicile est le rattachement juridique d'une personne à un lieu; l'autre concret: le domicile est le lieu d'habitation effective de l'individu. Le Code civil retient le premier sens. La personne est juridiquement rattachée à l'endroit où elle a « son principal établissement » (art. 102 C. civ.) c'est-à-dire le centre principal de ses intérêts. Le domicile est donc une localisation juridique. C'est le lieu où la personne est censée se trouver pour le droit. Quant au deuxième sens – lieu de l'habitation effective –, il constitue la résidence. Il y a donc, entre le domicile et la résidence, le même décalage qu'entre le droit et le fait. Aussi, en tant que localisation purement juridique, le domicile peut être partiellement fictif, c'est-à-dire ne pas correspondre au lieu de résidence habituelle de la personne. Tel est le cas, notamment, des professions libérales ou des officiers publics qui sont généralement domiciliés au lieu où ils exercent leurs fonctions, alors qu'ils résident le plus souvent dans un endroit différent. Domicile et résidence ne doivent donc pas être confondus. Ils doivent également être distingués de l'habitation. Ce terme désigne, quant à lui, un lieu de séjour temporaire (par ex. une chambre d'hôtel ou d'hôpital).

Le domicile présente plusieurs caractères. Il est, tout d'abord, nécessaire. Cela signifie que toute personne a obligatoirement un domicile. La règle se justifie par des raisons de police, l'État devant absolument pouvoir localiser les individus qui se trouvent sur son territoire. Mais elle s'inspire aussi de considérations liées à la sécurité juridique : l'individu pouvant nouer des relations juridiques avec les tiers, il est indispensable que ceux-ci puissent localiser géographiquement celui-là. Reste que la règle de la nécessité du domicile pose d'importantes difficultés en ce qui concerne les vagabonds, que l'on appelle aujourd'hui plus volontiers SDF (sans domicile fixe). L'absence de domicile entrave très souvent l'exercice des droits car, le plus souvent, pour accomplir un acte juridique, il faut pouvoir justifier d'un domicile (tel est le cas par exemple du droit de vote, du contrat de travail, de bail, de la convention de compte bancaire et même de l'obtention d'une carte d'identité). L'absence de domicile amoindrit en quelque sorte la personnalité du vagabond. Aussi peut-être faudrait-il lui permettre de choisir un domicile dans l'un des lieux qu'il fréquente, de manière à limiter sa dé-socialisation.

Le second caractère du domicile est son unicité. Toute personne n'a qu'un seul domicile, alors qu'elle peut avoir plusieurs résidences. L'exigence d'unicité se justifie essentiellement par le souci de faciliter l'identification de la personne : celle-ci ne peut être rattachée qu'à un seul lieu. Mais la règle produit d'importants inconvénients pratiques, qui ont conduit à admettre une multiplication des domiciles spéciaux. Certains de ces domiciles trouvent leur origine dans la loi, d'autres dans la jurisprudence, d'autres enfin, dans la convention. Les domiciles spéciaux d'origine légale sont, pour l'essentiel, le domicile électoral (que le Code électoral [art. L. 11] fixe dans la commune où l'électeur a son domicile ou sa résidence depuis au moins six mois), le domicile fiscal (défini par le Code général des impôts [art. 4 A] comme le lieu où la personne a « son foyer » c'est-à-dire sa résidence) et le domicile matrimonial, c'est-à-dire le lieu où peut être célébré le mariage d'une personne. D'après l'article 74 du Code civil, il s'agit du lieu « où l'un des époux aura son domicile ou sa résidence établie par un mois au moins d'habitation continue [...] ». Les domiciles spéciaux d'origine jurisprudentielle sont le domicile professionnel, le domicile apparent (celui où les tiers de bonne foi, trompés par l'apparence, situent la personne) et celui que certains auteurs appellent le domicile décentralisé, c'est-à-dire celui qui résulte de la jurisprudence dite « des gares principales ». En principe, une entreprise a son domicile au lieu de son siège social. Mais en pratique, toutes les sociétés importantes ont leur siège social à Paris. Il en résulte, en cas de litige, un encombrement des juridictions parisiennes. C'est pour éviter cela que la Cour de cassation admet que l'entreprise peut être assignée au lieu de sa succursale, lorsque celle-ci est importante. En plus du désencombrement des juridictions parisiennes, cette solution a l'avantage d'éviter au demandeur, provincial, d'aller plaider loin de son domicile. Les domiciles spéciaux d'origine conventionnelle sont les domiciles élus. L'élection de domicile (art. 111 C. civ.) est le choix d'un domicile différent du domicile ordinaire, pour les suites relatives à un acte déterminé. Ainsi, lors de la rédaction d'un acte authentique, les parties élisent-elles domicile en l'étude du notaire chargé du dossier. De même, lors d'un procès, le choix d'un avocat entraîne-t-il élection de domicile au cabinet de celui-ci. L'intérêt de l'élection de domicile est de centraliser dans un même lieu tous les documents et tous les courriers relatifs à l'acte ou au procès. Mais il ne s'agit que d'un domicile limité, en ce sens que, pour les autres actes de la vie civile, chaque partie conserve son domicile propre.

Le dernier caractère du domicile est son inviolabilité. D'après l'article 226-4 du Code pénal, l'introduction ou le maintien dans le domicile d'une personne contre la volonté de celle-ci – le texte vise les manœuvres, menaces, voies de fait ou la contrainte – est puni d'un emprisonnement de un an et de cent mille francs d'amende. Ce texte, qui figure dans une section relative aux atteintes à la personnalité, protège l'intimité de l'individu. En effet, le domicile est le plus souvent le siège de la vie intime de la personne. Comme tel, il doit être protégé contre les intrusions injustifiées des tiers ou des autorités publiques. Il en résulte que les mesures qui portent atteinte à cette intimité sont soumises à un régime particulier. Tel est le cas des perquisitions, des visites domiciliaires ou encore des constats d'adultère. Il faut enfin souligner que la règle de l'inviolabilité du domicile, qui a pleine valeur constitutionnelle (Cons. const., 29 déc. 1983, *JCP* 1984, II, 20160, note Drago et Decocq), ne s'applique pas qu'au domicile. Elle protège aussi la résidence et même l'habitation temporaire (pour une chambre d'hôpital, v. Paris, 17 mars 1986, *Gaz. Pal.* 1986, 2, p. 429, note J.-P. D.).

B - La détermination du domicile

Après avoir présenté les critères de détermination du domicile (1) nous réfléchirons aux intérêts que présente cette détermination (2).

1 - Les critères de détermination du domicile

Ils sont au nombre de deux et résident soit dans la volonté individuelle (a) soit dans la loi (b).

a. Le domicile volontaire

Il s'agit du domicile librement choisi par l'individu. Hormis les cas où la loi lui attribue un domicile légal (v. *infra,* p. 61), la personne a le droit de choisir librement son domicile, et d'en changer. Ce droit est le reflet d'une liberté: la liberté du domicile, qui est un prolongement de la liberté d'aller et de venir. Encore faut-il savoir à quel endroit se situe le domicile de la personne. Sur ce point, on admet que l'existence du domicile résulte de la réunion de deux éléments: un élément matériel (*corpus*) et un élément intentionnel (*animus*). L'élément matériel consiste dans le fait d'occuper un lieu soit en y installant ses affaires personnelles et sa résidence – domicile et résidence se confondent alors –, soit en y installant seulement un bureau et des outils professionnels (le lieu d'exercice de la profession est un élément souvent considéré comme déterminant par les juges: Civ. 2e, 26 avr. 1990, *Bull.* II, n° 77). Ainsi deux époux peuvent-ils avoir des domiciles distincts lorsqu'ils exercent leur profession dans deux endroits différents. Mais, parce qu'ils sont mariés, ils doivent avoir une résidence commune (art. 108 et 215 C. civ.). Au contraire il a été jugé qu'un site Internet ne constitue pas un domicile, fût-il virtuel, faute d'habitation effective (TGI Paris, 14 août 1996, *D.* 1996, p. 490, note Gautier). Au fait d'occupation doit s'ajouter l'intention de séjourner durablement dans le lieu considéré, l'intention d'y fixer durablement le centre de ses intérêts. La preuve de cette intention peut être rapportée par tous moyens. On peut retenir une déclaration faite à la mairie (art. 104 C. civ.), ou toute autre circonstance (demande d'abonnement auprès des services distribuant l'eau, ou l'électricité; demande d'abonnement téléphonique; demande d'inscription sur les listes électorales; fait de payer certains impôts; déclarations faites par l'intéressé à sa famille ou à ses amis). En revanche, le transfert forcé de la résidence d'une personne n'emporte pas, en principe, transfert de domicile, faute d'*animus*. C'est ce qu'a décidé la cour de Poitiers dans l'affaire de la succession du maréchal Pétain. L'assignation à résidence de celui-ci à l'Île d'Yeu n'avait pas entraîné transfert de son domicile (Poitiers, 11 janv. 1967, *Gaz. Pal.* 1967, 1, p. 71, note Barbier). Reste que, dans certains cas, la volonté individuelle est inefficace, parce que la loi impose un domicile à la personne.

b. Le domicile légal

Le domicile légal est un domicile déterminé d'office par la loi. Il s'agit donc d'un mode de rattachement automatique de certaines personnes à un lieu choisi par les textes. Les personnes qui ont un domicile légal n'ont pas la possibilité d'établir leur domicile ailleurs car le domicile légal est impératif. Il s'agit là d'une dérogation au principe de la liberté du domicile. Aussi la liste des domiciles légaux est-elle limitative. Le Code civil en énonce cinq qui répondent soit à une nécessité professionnelle, soit à une idée de dépendance. La dépendance explique la plupart des domiciles légaux. Ainsi, le domicile d'origine (art. 108-2 C. civ.), est-il le domicile de l'enfant qui vient de naître jusqu'à sa majorité. L'enfant mineur est donc, de droit, domicilié chez ses parents. À sa majorité, il conserve ce domicile légal jusqu'à ce qu'il transfère son domicile en un autre lieu. De même, les domestiques – s'il en reste – sont impérativement domiciliés chez leur employeur (art. 109 C. civ.). Enfin, le majeur en tutelle est domicilié chez son tuteur (art. 108-3 C. civ.). La nécessité professionnelle justifie quant à elle le domicile de fonctions (art. 107 C. civ.). Ce domicile est celui des personnes qui sont investies de fonctions irrévocables, « conférées à vie » dit le Code, ce qui ne se rencontre plus guère aujourd'hui, en raison de la législation sur l'âge de la retraite. En pratique, l'article 107 concerne les magistrats du siège (les magistrats du parquet ne sont pas irrévocables) et les officiers ministériels (notaires, avoués, huissiers), qui sont juridiquement domiciliés au lieu où ils exercent leurs fonctions. La prise en compte de l'activité professionnelle explique aussi le domicile d'attache (art. 102, al. 2 C. civ.), qui est celui que sont tenus de choisir les bateliers dans l'une des communes de leur parcours. Les forains sont, quant à eux, rattachés à une commune de leur choix. Il faut signaler, enfin, que depuis la réforme du divorce opérée par la loi du 11 juillet 1975, la femme mariée n'est plus légalement domiciliée chez son mari (art. 108 C. civ.).

2 - Les intérêts de la détermination du domicile

Le premier intérêt du domicile est, on l'a déjà dit, de permettre le rattachement d'une personne à un lieu et, par voie de conséquence, de compléter son identification. Mais le domicile présente d'autres intérêts, notamment en ce qui concerne la détermination de la compétence territoriale des juridictions. En principe, le tribunal compétent pour connaître d'un litige est le tribunal dans le ressort duquel se trouve le domicile du défendeur (art. 42 et 43 NCPC). Mais de nombreux textes récents retiennent la résidence comme critère de la compétence territoriale (v. art. 1070 NCPC).

Le domicile permet parfois de déterminer la loi applicable à un rapport juridique. Certaines situations juridiques sont, en effet, soumises à la loi du domicile de leurs protagonistes. Il en est ainsi en matière successorale puisque la loi applicable à la liquidation et au partage des biens meubles d'une succession est la loi du lieu d'ouverture de celle-ci, c'est-à-dire la loi du dernier domicile du défunt (art. 110 C. civ.). De même, en matière de divorce, la loi française est applicable dès lors que les deux époux sont domiciliés en France (art. 310 C. civ.).

La détermination du domicile permet aussi à la signification des actes de procédure. La signification est l'acte par lequel une partie porte à la connaissance de son adversaire un acte de procédure (assignation, conclusions) ou un jugement. La signification, faite par ministère d'huissier, se réalise en principe au domicile de la personne concernée (art. 655 NCPC).

Le domicile permet enfin de savoir en quel lieu doivent intervenir certains paiements. En principe, les dettes sont quérables, c'est-à-dire que le créancier doit aller chercher son paiement au domicile du débiteur (art. 1247, al. 3 C. civ.). On raconte d'ailleurs que c'est sous la pression de créanciers tambourinant à sa porte que Balzac écrivit nombre de ses romans. Mais cette règle connaît quelques exceptions, notamment en matière alimentaire (art. 1247, al. 2 C. civ.).

Le rôle du domicile en matière de localisation et d'identification de la personne est donc très important. Mais d'autres éléments concourent à affiner son identification. Il s'agit de ceux qui composent l'état de la personne, et qui sont constatés dans les actes d'état civil de l'intéressé.

Lire aussi

Sur l'histoire

- Bruguière M.-B., « Le domicile dans les droits antiques », *Mélanges Marty,* 1978, p. 199
- Lefebvre-Teillard A., *Introduction historique au droit des personnes et de la famille,* PUF, coll. « Droit fondamental », 1996, n°s 55 et s.

Sur le droit positif

- Chartier Y., « Domicile conjugal et vie familiale », *RTD civ.* 1971, p. 724
- Martin-Serf A., « Du domicile à la résidence », *RTD civ.* 1978, p. 535
- Gisserot F., « Le nouveau domicile de la femme mariée », *RTD civ.* 1979, p. 724.

III - L'état des personnes

L'état des personnes est constitué par l'ensemble des éléments de droit privé qui caractérisent la personne dans son existence juridique et dans sa situation familiale. Il est la traduction juridique de l'existence de la personne (A). Les différents éléments qui le composent sont constatés dans des actes authentiques: les actes de l'état civil (B).

A - L'état des personnes: traduction juridique de la personnalité

L'état reflète la situation juridique de la personne. Ainsi, sont des éléments de l'état des personnes le nom, l'âge, le sexe, la filiation et la situation matrimoniale, notamment. L'état est, en quelque sorte, « l'image juridique de la personne » (H.-L. et J. Mazeaud, F. Chabas, *Leçons de droit civil*, tome I, vol. 2*, Les personnes*, n° 469). Il en résulte que l'état présente plusieurs caractères. Il est indivisible, indisponible et imprescriptible.

L'indivisibilité de l'état des personnes a pour conséquence qu'une même personne ne peut avoir deux états contraires (on ne peut pas être à la fois enfant légitime et enfant naturel, garçon et fille, etc.).

L'indisponibilité de l'état des personnes signifie, quant à elle, que l'individu ne peut pas disposer des éléments de son état. Il ne peut vendre son nom ni le transmettre par donation ou testament, ni encore louer son lien de filiation… Et toute convention contraire serait nulle de nullité absolue. La règle de l'indisponibilité a aussi pour conséquence que la personne ne peut modifier elle-même son état. Pourtant, sous cette deuxième forme, le principe connaît de nombreuses exceptions puisqu'il est possible de changer de nom (v. *supra,* p. 47), et puisque le mariage, le divorce, et l'adoption ne sont pas dépourvus d'effets sur le nom. En outre, la question de l'indisponibilité de l'état des personnes s'est trouvée, dans une vaste controverse doctrinale et jurisprudentielle, confrontée aux phénomènes de transsexualisme.

Le transsexualisme est syndrome qui se caractérise par la conviction qu'a une personne d'appartenir au sexe opposé. Dès lors il arrive qu'après avoir subi plusieurs interventions chirurgicales qui ont entraîné la modification de son anatomie, le transsexuel demande la rectification de son acte de naissance. Le principe de l'indisponibilité de l'état des personnes permet-il de faire droit à une telle demande ? La Cour de cassation avait, dans un premier temps, posé le principe d'une distinction. Lorsque le demandeur a la conviction tellement forte d'appartenir au sexe opposé que des modifications spontanées de son anatomie se produisent (du fait, notamment, de la régression des organes sexuels), et lorsque les opérations chirurgicales ont eu pour seul but de parachever cette évolution, la Haute juridiction admettait la rectification de l'acte de naissance. Elle considérait que le principe d'indisponibilité de l'état n'était pas violé puisque l'individu n'avait pas eu l'intention délibérée de modifier son état, mais avait seulement cherché à corriger des évolutions spontanées. En revanche, lorsqu'en l'absence de toute modification spontanée de son anatomie le demandeur avait obtenu la modification de son sexe par des interventions chirurgicales, le principe d'indisponibilité de l'état était violé et l'acte de naissance ne pouvait être modifié (v. notamment : Civ. 1re, 3 et 31 mars 1987, *D.* 1987, p. 445, note Jourdain ; *JCP* 1988, II, 21000, note Agostini). Cette distinction a, un temps, été abandonnée. En effet, par quatre arrêts du 21 mai 1990, la Cour de cassation a affirmé que, même lorsqu'il est spontané, le transsexualisme ne peut entraîner la rectification de l'acte de naissance car l'individu n'a pas perdu les caractères génétiques de son sexe d'origine (Civ. 1re, 21 mai 1990, 4e esp., *JCP* 1990, II, 21588, rapport

Massip, conclusions Flipo; *D.* 1991, 169, rapport Massip). Cette jurisprudence se fondait sur le fait qu'en l'état actuel des connaissances scientifiques il est impossible (mais pour combien de temps ?) de modifier l'identité génétique de l'individu. Le transsexuel opéré conserve donc son sexe chromosomique d'origine. Cette analyse était cependant discutable, car l'identité sexuelle ne se limite pas à la seule composante chromosomique. Elle a d'ailleurs entraîné la condamnation de la France par la Cour européenne des droits de l'homme (CEDH, 25 mars 1992, *D.* 1993, p. 101, note Marguénaud, *JCP* 1992, II, 21955, et nos observations) pour violation du droit au respect de la vie privée (art. 8 de la CEDH). Pour les juges de Strasbourg, cette atteinte réside dans la discordance entre l'état civil de l'intéressé et son apparence nouvelle. Ainsi, lorsque celui-ci sera tenu de justifier de son identité à l'aide de documents mentionnant son sexe, les tiers découvriront qu'il a subi une opération de conversion sexuelle, ce qui porte atteinte à sa vie privée. Alors qu'elle n'y était nullement contrainte – les décisions de la Cour européenne des droits de l'homme ne s'imposent pas aux juridictions nationales –, la Cour de cassation a abandonné sa jurisprudence de 1990 pour revenir à la solution antérieure (ass. plén., 11 déc. 1992, 2e esp., *JCP* 1993, II, 21991, concl. Jéol, note Mémeteau; *RTD civ.* 1993, p. 97, obs. Hauser). Le transsexuel peut donc obtenir la rectification de son acte de naissance, à condition que le changement de sexe soit « indépendant de la volonté des parties » (pour un raisonnement identique s'agissant de la rectification de l'acte de naissance d'un enfant hermaphrodite, v. Versailles, 22 juin 2000, *JCP* 2001, 10595, note Guez). Pour autant, il n'est pas certain que ce revirement de jurisprudence mette définitivement la France à l'abri d'une nouvelle condamnation. En effet, on pourrait fort bien imaginer qu'un transsexuel opéré en l'absence d'évolutions spontanées de son anatomie fasse valoir que le refus des juridictions françaises de rectifier son acte de naissance porte atteinte à l'intimité de sa vie privée. En effet, dans ce cas, la discordance subsiste entre son apparence nouvelle et son état civil non rectifié. Mais il n'est pas certain que les textes internationaux méritent systématiquement de prévaloir sur notre droit interne.

L'imprescriptibilité de l'état des personnes résulte d'une idée simple. Puisque la personnalité ne s'acquiert ni ne s'éteint par l'écoulement du temps, l'état des personnes est, lui aussi, imprescriptible. La jurisprudence en déduit que l'écoulement du temps ne fait pas perdre le droit d'user d'un nom (Civ. 1re, 15 mars 1988, *D.* 1989, 549, note Massip). Mais les exceptions à la règle de l'imprescriptibilité sont si nombreuses qu'on peut se demander si le principe demeure. Ainsi, en matière de nom, la jurisprudence reconnaît certains effets à la possession prolongée (v. *supra,* p. 46). De même, en matière de filiation, la loi du 3 janvier 1972 a posé en principe que les actions relatives à la filiation se prescrivent par 30 ans (art. 311-7 C. civ.). En outre, depuis la loi du 25 juin 1982, l'article 334-8 du Code civil prévoit que la filiation naturelle est établie par la possession d'état (J. Hauser, *La filiation*, Dalloz, « Connaissance du droit », 1996, p. 54). Dans nombre de ses composantes l'état des personnes se trouve donc désormais soumis à l'écoulement du temps.

B - Les actes de l'état civil : reflet de l'état des personnes

L'état des personnes est constaté dans les actes de l'état civil. Ce sont des actes authentiques et solennels qui servent à constater les principaux éléments de l'état des personnes.

Dès l'Antiquité, la nécessité de dénombrer les individus, de recenser les naissances et les décès est apparue. Ainsi, à Rome, au début de la République, fut organisé vers 443 avant J.-C. un recensement quinquennal qui imposait de déclarer les naissances et les décès survenus au cours des cinq années antérieures. De même, peu avant la naissance de Jésus-Christ, nous dit la Bible, l'empereur César Auguste publia un édit pour « faire le dénombrement des habitants de toute la terre [...] et tous allaient se faire recenser, chacun dans sa ville » *(Luc, II, v. 1 à 5)*. Pour autant, les origines de notre système d'actes de l'état civil se trouvent dans les usages de l'Église catholique. En effet, dès le cinquième siècle après J.-C., le clergé dresse des listes de baptêmes. Quant aux mariages et aux sépultures, l'habitude fut également prise de les consigner sur des registres spéciaux, afin de s'assurer de la perception des rétributions dues aux ministres du culte en ces occasions. Ce qui n'était qu'un usage fut rendu obligatoire par l'ordonnance de Villers-Cotterets, en août 1539. En raison de l'utilité probatoire de ces registres paroissiaux, l'ordonnance de Blois, en mai 1579, donna l'ordre aux curés d'apporter aux greffes des justices royales, dans les deux mois qui suivent la fin de chaque année, les registres où ils consignent les naissances – à vrai dire, l'article 181 de l'ordonnance visait les baptêmes –, les mariages et les décès. Ce système fut perfectionné par une ordonnance d'avril 1667, aux termes de laquelle les registres des baptêmes, mariages et sépultures devaient être tenus par les curés en double exemplaire. L'un restait aux mains du prêtre, l'autre était déposé au greffe des justices royales. Pour autant, cette organisation ne pouvait fonctionner correctement que si tous les citoyens étaient catholiques. C'est pourquoi d'importantes difficultés apparurent avec la naissance du protestantisme. Dans un premier temps, les pasteurs protestants tinrent des registres semblables à ceux des prêtres catholiques. Mais ces registres n'avaient pas reçu l'approbation du pouvoir central. Il n'avaient donc aucune force probante officielle. La difficulté s'aggrava considérablement lorsqu'en 1685, Louis XIV révoqua l'édit de Nantes. Il devint alors impossible aux protestants de prouver leur état civil. En effet, même s'ils acceptaient parfois le baptême d'un prêtre catholique, les protestants se mariaient le plus souvent au désert, c'est-à-dire en secret, devant un pasteur. Leur mariage ne pouvant être officiellement prouvé, la légitimité de leurs enfants pouvait être remise en cause. Et il fallut attendre un édit de Tolérance de novembre 1787 pour que Louis XVI rende aux protestants l'exercice de leur culte, et pour que soit organisé un état civil laïcisé. Ce mouvement de sécularisation fut parachevé sous la Révolution, par le décret des 20-25 septembre 1792. L'égalité des citoyens impliquait, en effet, que l'on donne à tous les mêmes preuves d'état civil, sans distinction d'appartenance religieuse. Il fut donc décidé de confier la tenue des registres aux municipalités, et de retirer aux registres religieux leur force probante officielle. C'est ce système qui sera repris par le Code civil de 1804 (art. 63 et s.).

Aujourd'hui, les actes de l'état civil ont une double fonction. Ils permettent d'informer les tiers et constituent, pour chaque individu, une preuve de son état.

L'information des tiers se réalise par la publicité des actes de l'état civil. Cette publicité est assurée par la délivrance de copies intégrales ou, plus souvent, d'extraits des actes d'état civil. En effet, dans un souci de discrétion, la consultation directe des registres datant de moins de cent ans est interdite, sauf à obtenir l'autorisation écrite du procureur de la République. De même, à l'exception des actes de décès, la délivrance des copies intégrales est strictement réglementée.

Les actes de l'état civil font également preuve de l'état de la personne. En tant qu'actes authentiques, ils font foi des éléments constatés personnellement par le rédacteur jusqu'à inscription de faux. Cela signifie que les énonciations contenues dans ces actes doivent être tenues pour vraies aussi longtemps que leur fausseté n'a pas été judiciairement démontrée. Mais cette force probante particulière ne s'attache qu'aux mentions qui reprennent des constatations que l'officier d'état civil a pu personnellement effectuer (par exemple date de l'acte, identité de l'officier d'état civil…). Les indications non vérifiées par lui ne font foi que jusqu'à preuve contraire. Il s'agit notamment de l'identité des déclarants et des parties, du fait de la naissance ou du décès, de la date et du lieu de l'événement… Les actes de l'état civil sont, en principe, les seules preuves admissibles en matière d'état. Les indices, témoignages et autres écrits sont, en principe, irrecevables. Mais ce principe connaît certaines dérogations. Ainsi, l'acte d'état civil peut-il être suppléé par un jugement soit lorsque les registres n'ont jamais existé, soit lorsqu'ils ont été détruits. De même, certains textes relatifs à la reconstitution administrative des registres détruits autorisent-ils, dans l'attente de cette reconstitution, les intéressés à prouver leur état par un acte de notoriété établi par le juge d'instance. Enfin, en droit de la filiation, la preuve de l'état peut aussi être rapportée par la possession d'état. Ces dérogations mises à part, l'acte de l'état civil est, en principe, la seule preuve recevable de l'état. Encore faut-il que l'acte corresponde à la réalité et qu'il soit le reflet exact de la situation de la personne. Dès lors, si l'acte de l'état civil ne correspond pas à l'état véritable de la personne, celle-ci peut former une demande de rectification de l'acte de l'état civil litigieux. Deux hypothèses peuvent alors se présenter. S'il s'agit simplement de réparer une erreur matérielle de rédaction (nom ou prénom mal orthographiés…), la demande de rectification est adressée au procureur de la République qui, après vérification du bien-fondé de la demande, enjoint l'officier d'état de procéder à la rectification. En revanche, s'il s'agit de mettre l'acte en harmonie avec une modification de l'état, la demande doit être adressée au tribunal de grande instance qui, après avoir vérifié le changement d'état, ordonnera la modification de l'acte.

Telles sont les règles qui gouvernent l'attribution de la personnalité et l'identification de la personne. Maintenant que nous savons ce qu'est un sujet de droits, il convient de s'intéresser aux droits qui lui sont attribués, c'est la question des attributs de la personnalité.

Lire aussi

Sur l'histoire des actes de l'état civil

- Brissaud J., *Manuel d'histoire du droit privé*, De Boccard, Paris, 1935, p. 832
- Olivier-Martin F., *Histoire du droit français des origines à la Révolution*, CNRS, 1992, n° 487

Sur le droit positif

- Gobert M., « Le transsexualisme, fin ou commencement ? », *JCP* 1988, 3361
- Gobert M., « Le transsexualisme ou de la difficulté d'exister », *JCP* 1990, 3475
- Lombois C., « Le transsexualisme devant la Cour européenne des droits de l'homme », *D.* 1992, chron., p. 323

Chapitre II

Les attributs de la personnalité

Les attributs de la personnalité sont les prérogatives juridiques qui appartiennent à tout individu du fait de sa naissance. Ces prérogatives sont multiples au point que la catégorie des attributs de la personnalité a vocation à être quasiment illimitée. Ainsi pourrait-on songer à y faire entrer pêle-mêle le droit à la vie, le droit à la santé, le droit à l'intégrité, le droit au respect de la vie privée, le droit d'avoir une vie familiale, la liberté de conscience et de religion, la liberté d'expression, le principe de dignité de la personne humaine et, peut-être même, les droits de l'homme… Devant une telle inflation de la notion, il est de coutume de ne traiter, dans le cadre du droit des personnes, que des prérogatives de droit privé – ce qui exclut les libertés publiques comme la liberté d'aller et de venir, la liberté de conscience, de religion et d'expression – dont dispose toute personne du fait de sa naissance. Sous ce rapport, les principaux attributs de droit privé sont les droits de l'individu sur son corps (section 1), les droits de la personnalité (section 2) et, dans une moindre mesure sans doute, le droit au respect de la présomption d'innocence (section 3).

Section 1

Les droits de l'individu sur son corps

La nature juridique du corps humain est une question controversée. Est-il la personne elle-même, corps et esprit, ou n'est-il qu'une simple chose ? L'opinion dominante retient une réponse intermédiaire. Pour n'être pas vraiment la personne elle-même, le corps n'est pas non plus une chose ordinaire. Il s'agit vraisemblablement d'une chose – parce que le corps se compose d'un ensemble d'organes et de cellules vivants – mais d'une chose d'une nature particulière : une chose hors du commerce, une chose sacrée. La sacralité tient au fait que le corps est intimement lié à la personne, dont il constitue l'enveloppe charnelle. Il en résulte que, du vivant de la personne, le corps doit être protégé comme la personne elle-même, car toute atteinte au corps est aussi une atteinte à l'individu. Aussi bien, après le décès de celui qui l'habitait, le corps est également protégé car il conserve quelque chose d'incontestablement humain (v. *supra*, p. 29).

Ces idées ont conduit la jurisprudence a dégager un nouveau principe général du droit : le principe de dignité de la personne humaine (Cons. const., 27 juill. 1994, *D.* 1995, p. 237, note B. Mathieu ; pour les premières applications de ce principe à propos de l'attraction dite de « lancer de nains » CE, 27 oct. 1995, *D.* 1996, p. 177, note Lebreton, et à propos de la publicité de la société Benetton, Paris, 28 mai 1996, *D.* 1996, p. 617, note Edelman). Elles ont également conduit le législateur à affirmer, en 1994, la primauté de la personne (art. 16 C. civ.) et le droit de tout individu au respect de son corps (art. 16-1). Le corps ne saurait donc être considéré comme une chose ordinaire, ce que confirme l'étude de son régime juridique. Celui-ci est gouverné par deux principes essentiels : l'inviolabilité (I) et l'indisponibilité (II) du corps humain.

I - L'inviolabilité du corps humain

La protection du corps humain est la condition première du respect des personnes physiques. Ainsi, l'article 16-1, alinéa 2 du Code civil dispose-t-il : « Le corps humain est inviolable. » La jurisprudence semble même considérer que ce texte peut être appliqué après la mort (TGI Lille, 5 déc. 1996, *D.* 1997, p. 376, note X. Labbée). Du vivant de la personne, son corps est également protégé.

Cette protection est assurée au premier chef par le droit pénal. Ainsi, le nouveau Code pénal punit-il à la fois les atteintes à la vie (homicides: art. 221-1 et s.) et les atteintes à l'intégrité de la personne (actes de tortures et de barbarie; art. 222-1 et s.); violences (art. 222-7 et s.); agressions sexuelles (art. 222-22 et s.); mise en danger de la personne (art. 223-1 et s.) notamment.

Au-delà, il existe une règle générale selon laquelle on ne peut contraindre une personne à subir une atteinte à son intégrité physique, quand bien même cela serait justifié par l'intérêt d'autrui. Cette règle connaît plusieurs applications en droit civil. Ainsi, en matière probatoire une partie peut toujours refuser que soit pratiqué sur elle un examen sanguin (art. 16-11 C. civ.), et le principe d'inviolabilité du corps humain interdit au juge de recourir à une mesure de coercition (Paris, 24 nov. 1981, *D.* 1982, 355, note Massip). En revanche, le juge est libre d'apprécier comme il l'entend le refus de la partie concernée (art. 11, al. 1er, NCPC). Il peut notamment analyser comme un aveu le refus de se prêter à un examen médical (Civ. 2e, 18 janv. 1989, *JCP* 1989, IV, 101). C'est ainsi qu'Yves Montand fut, dans un premier temps, déclaré père d'Aurore Drossart. Les expertises génétiques ont, par la suite, modifié la solution (*Le Monde,* 16 juin 1998). De même, en droit de la responsabilité civile, la jurisprudence refuse au nom du principe de l'inviolabilité du corps humain, de contraindre la victime d'un préjudice à subir un traitement ou une intervention chirurgicale grave, douloureuse ou hasardeuse, qui pourraient avoir pour effet d'améliorer son état, et donc de réduire le montant de l'indemnité due par le responsable. Enfin, en matière chirurgicale, hormis en cas d'urgence (art. 16-3, al. 2, C. civ.), un chirurgien ne peut opérer une personne sans avoir recueilli le consentement exprès et préalable de cette personne à l'opération. À défaut, ce praticien engagerait sa responsabilité civile et pénale (à propos d'une intervention chirurgicale pratiquée sur un transsexuel, v. Aix-en-Provence, 23 avr. 1990, *JCP* 1991, 21720, note Mémeteau).

II - L'indisponibilité du corps humain

Le corps humain est hors du commerce juridique (art. 1128 C. civ.). Il en résulte qu'il est, en principe, insusceptible de conventions. Ainsi, l'aliénation du corps ou de certains de ses éléments est-elle interdite (art. 16-1 et 16-5 C. civ.). De plus, dans un domaine certes différent, il est impossible de se donner en esclavage (art. 1780, al. 1er, C. civ.), l'employé ne pouvant louer que sa force de travail. Enfin, le principe d'indisponibilité du corps humain interdit de vendre les services de son corps. Ainsi le proxénétisme est-il réprimé pénalement (art. 225-5 et s. C. pén.). De même, c'est sur le fondement du principe de l'indisponibilité du corps humain qu'a été prononcée l'annulation des contrats de mère porteuse (ass. plén. 31 mai 1991, *D.* 1991, rapport Chartier, note Thouvenin; *JCP* 1991, II, 21752 communication J. Bernard, concl. Dontenwille, note Terré).

À titre exceptionnel, certains contrats portant sur le corps humain sont licites. Il en est ainsi notamment du don d'organe, du don de sang, du don de lait maternel, et du don de gamètes. La loi impose cependant certaines conditions: le consentement du donneur est, en principe, requis; le don est à la fois gratuit et anonyme (art. 16-6 et 16-8 C. civ.).

Lire aussi

- Cabrillac R., Frison-Roche M.-A., Revet Th. (dir.), *Droits et libertés fondamentaux*, Dalloz, 9e éd., 2003
- Morange J., *Droits de l'homme et libertés publiques*, PUF, coll. « Droit fondamental », 4e éd., 1997

Sur le corps humain

- Baud J.-P., « Le corps, personne par destination », *Mélanges Huet-Weiller,* PUS-LGDJ, 1994, p. 13 et s.
- Galloux J.-C., « *De corpore jus* », *Petites affiches,* n° 149, 14 déc. 1994

- Labbée X., *La condition juridique du corps humain avant la naissance et après la mort*, Presses universitaires de Lille, 1990
- Duval-Arnould D., *Le corps de l'enfant sous le regard du droit*, préf. G. Cornu, Bibl. droit privé, tome 238, LGDJ, 1994

Section 2
Les droits de la personnalité

Le Code civil de 1804 ignorait les droits de la personnalité. Deux considérations semblent expliquer cette ignorance. D'une part, la notion de vie privée n'avait à l'époque du Code qu'un contenu très limité. D'autre part, les moyens qui permettent de porter atteinte à la personnalité étaient infiniment moins nombreux et moins performants qu'ils le sont aujourd'hui. Ainsi, c'est sans doute la médiatisation croissante de notre société, jointe à la montée constante de l'individualisme – et de sa traduction juridique que sont les droits subjectifs – qui est à l'origine de l'apparition de cette catégorie nouvelle de droits: les droits de la personnalité. Ces droits ont été dégagés par la jurisprudence, pourrait-on dire au cas par cas, dans le but de protéger la personne dans son individualité physique, psychologique et sociale. Il existe donc, aujourd'hui, une pluralité de droits de la personnalité (droit à l'image, droit à la voix, droit au respect de la vie privée, droit à l'honneur...). Mais, comme on l'a bien montré (B. Beignier, *Le droit de la personnalité*, PUF, coll. « Que sais-je ? », n° 2703), le pluriel est ici quelque peu trompeur. En effet, tous ces droits ont une finalité identique – assurer la protection et l'épanouissement de la personnalité humaine – et ils mériteraient d'être réunis au sein d'une théorie générale de la protection de la personnalité. Ainsi pourrait-on admettre que toute personne est titulaire d'un (seul) droit à la protection de sa tranquillité, et que ce droit lui permet de demander réparation des différentes atteintes dont sa tranquillité est susceptible (atteinte à la vie privée, à l'honneur ou à l'image...). Sans doute cette analyse n'est-elle pas de nature à modifier l'essentiel des solutions admises en droit positif, du moins permet-elle de mieux les comprendre. Elle est d'ailleurs confirmée par l'existence de caractères communs aux différents droits de la personnalité. Ces droits sont généraux (tout individu en est doté, qu'il soit célèbre ou inconnu : la jurisprudence rappelle souvent que les artistes du spectacle, les personnages publics, les sportifs, les hommes politiques continuent d'être titulaires du droit à la protection de leur personnalité), extrapatrimoniaux (ils sont incessibles, insaisissables, et n'ont pas en eux-mêmes de valeur pécuniaire), et absolus (ils s'imposent à tous). Dès lors, il convient d'envisager successivement les manifestations de la protection de la personnalité (I) puis la sanction des atteintes à la personnalité (II).

I - Les manifestations de la protection de la personnalité

La victime d'une atteinte à sa personnalité peut en demander réparation en justice. Ce principe a été dégagé par les juges à propos d'atteintes particulières comme l'atteinte à la vie privée (A), à l'image (B), à la voix (C) et à l'honneur (D). Nul doute, cependant, qu'il soit possible d'en faire un principe général.

A - La protection de la vie privée

Construction prétorienne, élevée tout d'abord sur les fondements de la responsabilité civile, la protection de la vie privée a été consacrée de façon autonome par le législateur dans la loi du 17 juillet 1970 qui a modifié l'article 9 du Code civil. D'après ce texte « chacun a droit au respect de sa vie privée ». Encore faut-il savoir ce qui relève de la vie privée – et donc de la protection de la loi – et ce qui appartient à la vie publique. Dans le silence des textes, la doctrine a donné une première définition : la vie privée correspond à un domaine réservé à l'individu, et protégé contre l'action et la connaissance d'autrui ; l'attribut le plus important semblant être la faculté d'exclure les autres (en ce sens, P. Cambot, *La protection constitutionnelle de la liberté individuelle en France et en Espagne*, Economica, 1998,

p. 38). Quant à la jurisprudence elle a, au fil des espèces, donné un contenu à la notion de vie privée. Ainsi, relèvent de la vie privée l'identité et l'adresse (1), la nudité (2), la santé (3) et la vie sentimentale (4). En revanche, la révélation de la fortune d'une personne ne semble pas, en jurisprudence, constituer une atteinte à la vie privée (5).

1 - L'identité et l'adresse

Dans une affaire où un périodique avait publié le nom véritable du chanteur Jean Ferrat, l'adresse de sa résidence principale, celle de sa résidence secondaire, et son numéro de téléphone, la cour de Paris a jugé que « la liberté de la presse et le droit du public à l'information [...] ne sauraient justifier, même pour satisfaire une clientèle de plus en plus avide d'informations sensationnelles, des atteintes [...] au droit de chacun à la paix et à la tranquillité » (Paris 15 mai 1970, *D.* 1970, 466). La solution a été réaffirmée à plusieurs reprises depuis (TGI Paris, 1er mars 1989, *D.* 1989, IR, 240; Paris, 11 janv. 1990, *D.* 1990, IR, 56; Civ. 1re, 6 nov. 1990, *JCP* 1991, IV, 7; T. corr. Briey, 15 sept. 1992, *D.* 1994, somm., p. 289, obs. Maisl). En revanche, il n'y a pas d'atteinte à la vie privée lorsqu'en s'opposant à la révélation de son adresse l'intéressé poursuit le dessein illégitime de faire échec aux droits de ses créanciers (Civ. 1re, 19 mars 1991, *D.* 1991, p. 568, note Velardocchio). De même, il n'y a aucune atteinte à la vie privée lorsque la communication de l'adresse est faite à un huissier par l'employeur d'une personne afin de permettre la signification à celle-ci d'actes de procédure la concernant (Toulouse, 29 mai 1990, *JCP* 1990, IV, 427).

2 - La nudité

La reproduction de la nudité d'une personne sans l'autorisation de celle-ci constitue certainement une atteinte à l'image (v. *infra,* p. 81). Mais, dans certaines affaires, la jurisprudence retient également une atteinte à l'intimité de la vie privée. C'est le cas notamment dans les affaires *Carole Laure* (TGI Paris, 14 mai 1974, *D.* 1974, 767, 2e esp.), *Catherine Deneuve* (Paris,

14 mai 1975, *D.* 1976, 291) et *Romy Schneider* (Paris, 5 juin 1979, *JCP* 1980, II, 19343). Ceci est, nous le verrons, de nature à faire douter de l'autonomie véritable du droit à l'image.

3 - La santé

La révélation de l'état de santé d'une personne sans le consentement de celle-ci constitue une atteinte à la vie privée. La solution a été affirmée notamment dans l'affaire *Jacques Brel* (Paris, 9 juill. 1980, *D.* 1981, 72, 2e esp., note Lindon) : un hebdomadaire avait publié un article sur le combat de Jacques Brel contre la maladie qui devait lui être fatale. L'article était accompagné d'une photographie montrant le chanteur descendant très péniblement d'un avion. La cour de Paris considéra qu'il y avait atteinte à la vie privée, d'autant plus que Jacques Brel avait fait preuve d'une grande discrétion sur sa maladie. Cette solution a été réitérée dans l'affaire dite du « *Grand secret* », concernant la révélation, après son décès, de l'état de santé véritable du Président Mitterrand. Les décisions sont nombreuses ; nous ne citons que la première et la dernière (TGI Paris, ord. référé, 18 janv. 1996, *JCP* 1996, II, 22589, note Derieux ; Paris, 27 mai 1997, *JCP* 1997, II, 22894, note Derieux).

4 - La vie sentimentale

La révélation des fiançailles porte atteinte à l'intimité de la vie privée (aff. *Caroline de Monaco* : TGI Paris, 2 juin 1976, D. 1977, 364). Les juges considèrent que « la vie sentimentale présente un caractère strictement privé, et que l'article 9 du Code civil interdit de porter à la connaissance du public les liaisons véritables ou imaginaires » d'une personne (v. aussi TGI Paris, 24 janv. 1997, aff. *Depardieu et Carole Bouquet, Petites affiches,* n° 37, du 26 mars 1997, p. 22, note Serna). Il semble cependant que la révélation d'un projet de mariage postérieurement à l'accomplissement des formalités de publicité prescrites par le Code civil (art. 63 C. civ.) n'est pas contraire à la vie privée. En effet, cette publication a précisément pour but d'informer les tiers du projet de mariage. Reste que la révélation du projet de mariage avant la publication des bans constitue sans doute une atteinte à la vie privée (R. Lindon, *Les droits de la personnalité*, Dictionnaire juridique, Dalloz, 1983, p. 264).

La révélation de la maternité constitue, quant à elle, une atteinte à l'intimité de la vie privée, si elle est faite sans l'autorisation de la personne concernée. C'est ce qu'a retenu la cour de Paris dans une affaire concernant l'actrice *Isabelle Adjani* (Paris, 26 févr. 1981, *D.* 1981, p. 457, note Lindon). L'arrêt est important dans la mesure où les journalistes auteurs de l'indiscrétion avaient rencontré l'actrice dans un lieu public. La cour écarte cet argument au motif « que la vie privée des particuliers ne se réduit pas à l'intimité du foyer [...] mais peut aussi bien se dérouler dans des endroits publics, la notion de vie privée recouvrant les activités étrangères à la vie publique qui sont poursuivies aussi bien dans un lieu public que dans un lieu privé ». Elle retient donc une définition très extensive de la notion de vie privée, qui n'est pas sans évoquer une sorte de droit à la tranquillité ou de droit au calme (le *right of privacy* du droit américain).

L'inclusion de la vie sentimentale dans la protection de l'article 9 du Code civil engendre une difficulté relative à la constatation de l'adultère. Depuis que le législateur de 1975 a retiré à l'adultère son caractère d'infraction pénale, les constats d'huissiers sont le mode de preuve le plus fréquemment utilisé en matière d'adultère. Or ces constats réalisent non seulement une violation de l'intimité de la vie privée, mais encore une atteinte à l'inviolabilité du domicile privé, du moins lorsqu'ils sont effectués au domicile du complice de l'époux adultère. D'après la jurisprudence, le constat doit, pour être licite, être autorisé par le président du tribunal de grande instance statuant sur requête (Civ. 2e, 6 févr. 1979, *JCP* 1980, II, 19290, note Lindon). Mais la révélation des faits adultères à des tiers à l'instance en divorce serait certainement contraire à l'article 9 du Code civil (Lyon, 2 juill. 1991, *D.* 1991, IR, 252: la révélation de l'adultère par l'épouse trompée au mari de la maîtresse constitue une atteinte à l'intimité de la vie privée).

5 - La fortune

La révélation de la situation de fortune d'une personne constitue-t-elle une atteinte à la vie privée ? Certains juges du fond l'ont admis (TGI Marseille, 29 sept. 1982, *D.* 1984, p. 64, note Lindon ; Paris, 19 juin 1989, *D.* 1989, IR, p. 240), mais cette analyse a été condamnée par la Cour de cassation, au motif que « le respect dû à la vie privée de chacun n'est pas atteint par la publication de renseignements d'ordre purement patrimonial » (Civ. 1re, 4 oct. 1989, *Bull.,* I, n° 307; Civ. 1re, 28 mai 1991, *D.* 1992, p. 213, note Kayser ; *JCP* 1993, II, 21845, note Rigel ; Civ. 1re, 20 oct. 1993, *D.* 1994, p. 594, note Picod). Cette solution est discutable dans la mesure où elle risque d'avoir un certain effet d'entraînement, notamment dans la presse à sensation. Il n'est pas sûr que la tranquillité des individus ait grand chose à y gagner. Mais en l'état du droit positif, il n'y a atteinte à la vie privée que si la publication des informations patrimoniales s'accompagne d'allusions à la vie ou à la personnalité de l'intéressé (v. les critiques de J. Hauser, *RTD civ.* 1994, p. 77 et de B. Beignier, *Le droit de la personnalité*, PUF, coll. « Que sais-je ? », n° 2703).

Dans tous ces domaines, la protection de la vie privée est donc très forte. La Cour de cassation a même décidé qu'elle s'applique au salarié sur le lieu de son travail. Dans son célèbre arrêt *Nikon*, la chambre sociale de la Cour de cassation a ainsi considéré que l'employeur ne peut prendre connaissance des e-mails personnels émis ou reçus par ses salariés, alors même qu'il aurait interdit toute utilisation non professionnelle des ordinateurs (Cass. soc., 2 oct. 2001, D. 2001, p. 3148, note P.-Y. Gautier).

Il va de soi que, quel que soit le domaine considéré (identité, adresse, vie sentimentale, etc.), il n'y a aucune atteinte à la vie privée lorsque les informations révélées sont déjà publiques ou présentent un caractère anodin (Civ. 1re, 3 avr. 2002, *D.* 2002, p. 3164, note Bigot).

B - La protection de l'image

Comme ils l'avaient fait avant la loi de 1970, en matière de vie privée, les tribunaux ont posé en principe que toute personne a le droit de s'opposer à ce que son image soit fixée ou divulguée sans son autorisation (1). Mais ce principe connaît certaines exceptions (2).

1 - Le principe

La captation ou la diffusion de l'image d'une personne ne sont possibles qu'avec le consentement de celle-ci. Toute personne peut donc saisir le juge en cas d'enregistrement ou d'utilisation non autorisés de son image. Les applications de ce principe sont nombreuses, qu'il s'agisse de l'utilisation de l'image privée à des fins commerciales (TGI Paris, 4 avr. 1970, *JCP* 1970, II, 16328, note Lindon: utilisation de l'image du Président Pompidou dans une publicité pour une marque de moteurs marins; TGI Nancy, 15 oct. 1976, *JCP* 1977, II, 18526, note Lindon: utilisation de l'image caricaturée du président Giscard d'Estaing sur des cartes à jouer; TGI Aix-en-Provence, 24 nov. 1988, *JCP* 1989, II, 21329, note Hendericksen: utilisation de l'image de l'acteur défunt Raimu à des fins publicitaires) ou à des fins de propagande politique (TGI Paris, 11 juill. 1973, *JCP* 1974, II, 17600; Toulouse, 26 févr. 1974, *JCP* 1975, II, 17903, note Lindon; Paris, 25 mai 1990, *D.* 1990, IR, p. 172: la participation de lycéens à une manifestation n'autorise pas un journal partisan à les associer, en reproduisant leur image accompagnée de slogans militants, sans leur consentement formel, à un parti politique).

La fixation ou la diffusion de l'image ne sont donc possibles qu'avec l'autorisation de la personne intéressée. Et la jurisprudence a été amenée à préciser le régime de cette autorisation. D'une part, l'autorisation de se laisser photographier n'implique pas celle de reproduire les clichés car « toute personne a sur son image un droit exclusif, et peut donc s'opposer à la diffusion de tout portrait sans son autorisation » (TGI Paris, 26 févr. 1976,

JCP 1977, IV, 257). De deuxième part, l'autorisation ne peut être présumée, et l'existence d'une tolérance manifestée par l'intéressé dans le passé ne lui interdit pas d'agir en défense de son image (Paris, 23 janv. 1990, aff. *B. Bardot, D.* 1990, IR, p. 62). De troisième part, l'autorisation est spéciale; elle ne vaut que pour l'exploitation à laquelle l'intéressé a expressément consenti, et seulement pour la revue à laquelle elle a été donnée (Civ., 20 juin 1966, *JCP* 1966, II, 14875; Civ. 2e, 4 juill. 1984, *Bull.* II, n° 130, p. 90). Enfin, l'image des enfants mineurs ne peut être captée ou diffusée sans l'autorisation des titulaires de l'autorité parentale (Civ. 1re, 27 mars 1990, *Bull.* I, n° 72, p. 52; Toulouse, 15 janv. 1991, *D.* 1991, p. 600, note Ravanas).

Au décès de la personne, le pouvoir d'autoriser l'utilisation de l'image passe aux héritiers (Paris, 26 avr. 1983, aff. *Caradec, D.* 1983, p. 376, note Lindon; TGI Aix-en-Provence, 24 nov. 1988, aff. *Raimu, JCP* 1989, II, 21329, note Hendericksen; TGI Paris, 13 janv. 1997, aff. *Mitterrand, D.* 1997, p. 255, note Beignier).

Outre ces règles civiles, il existe aussi une protection pénale de l'image humaine. Ainsi, l'article 226-1 du Code pénal incrimine-t-il le fait de fixer d'enregistrer ou de transmettre l'image d'une personne se trouvant dans un lieu privé sans le consentement de celle-ci. Les peines sont de un an d'emprisonnement et de 45 000 € d'amende.

2 - Les exceptions

Si l'on met de côté le cas particulier de la caricature, qui fait traditionnellement l'objet d'une certaine tolérance (Versailles, 31 janv. 1991, *D.* 1991, IR, p. 182), les exceptions concernent quatre séries d'hypothèses: le cas de l'image captée dans un lieu public (a), dans le cadre d'un événement d'actualité (b), pour des raisons d'ordre public (c) ou pour dans un intérêt historique (d).

a. La captation de l'image dans un lieu public

Les personnes qui se trouvent dans un lieu public acceptent de se livrer à tous les regards. Il est donc possible de capter leur image sans autorisation préalable, cette autorisation étant, en quelque sorte, présumée. Ainsi, il a été jugé qu'une personne qui s'était reconnue sur une carte postale représentant une scène de la vie agricole ne peut se plaindre d'une atteinte à son image (T. civ. d'Yvetot, 2 mars 1932, *Gaz. Pal.* 1932, 1, 855). De même, la reproduction de l'image d'un groupe de touristes en tenue estivale admirant la tour de Pise ne constitue pas une atteinte aux droits de ces touristes sur leur image (Paris, 24 mars 1965, *JCP* 1965, II, 14305). Il a même été jugé que la reproduction de l'image d'une femme, qui ne portait que le bas de son maillot de bain et était allongée sur une planche à voile ne constitue pas une atteinte à son droit à l'image dès lors que la plage était accessible à tous, et que l'intéressée « avait choisi de paraître ainsi sans [...] se soucier des regards indiscrets » (en vérité, il s'agissait d'un mannequin, qui entendait vendre son image plus que la protéger des regards indiscrets: Nouméa, 13 sept. 1984, *D.* 1985, 206, note Agostini). Encore faut-il définir la notion de lieu public. D'après la jurisprudence publiée, doit être considéré comme un lieu public le lieu qui est librement accessible au public. Il en est ainsi des rues, des voies publiques, des stades, des champs de courses, des plages, des piscines publiques, des sites historiques. Dans ces lieux publics l'image des personnes peut être librement appréhendée. En revanche, les habitations, les locaux professionnels, les jardins, les voies privées constituent des lieux privés, et l'autorisation de la personne concernée est nécessaire.

Reste que, même dans un lieu public, l'autorisation redevient nécessaire lorsque la photographie est prise en cadrant uniquement sur une personne déterminée ou sur un petit groupe de personnes. En effet, ce n'est plus à titre principal le lieu public que l'on photographie – et accessoirement les personnes qui s'y trouvent – mais la personne qui est visée, en l'isolant du lieu public. Dans ce cas, l'autorisation de l'intéressé redevient nécessaire (TGI Paris, 3 mai 1989, *D.* 1989, IR, 228; TGI Paris, 24 mars 1997, *Légipresse,* 1997, I, p. 107).

b. La participation à la vie publique ou à l'actualité

La reproduction de l'image des hommes publics (hommes politiques, sportifs, artistes du spectacle…) est libre car leur consentement est présumé. La règle repose sans doute sur le droit du public à l'information. Toutefois, cette présomption ne vaut que dans le cadre de la vie publique. L'autorisation de l'intéressé redevient nécessaire pour fixer l'image d'un personnage public se trouvant dans un lieu privé. En outre, les personnages publics peuvent révoquer l'autorisation tacite de reproduction de leur image dans le cadre de leur vie publique. Le recours à un communiqué de presse est le plus souvent utilisé (Paris, 7 juin 1988, *D.* 1988, IR, 224).

De la même façon, le droit du public à l'information commande que la reproduction de l'image de personnes engagées dans l'actualité puisse être réalisée sans autorisation préalable (Paris, 6 mai 1997, *D.* 1997, p. 596, note Beignier), mais seulement dans la limite de ce qui est utile pour l'information du public (TGI Paris, 3 mai 1989, préc.; Civ. 1re, 23 avril 2003, *JCP* 2003, 10085, note Ravanas: selon la Cour, si l'incartade de l'époux d'une princesse constitue un événement d'actualité dont la presse peut rendre compte, les titres de couverture et les titres intérieurs constituaient une extrapolation non nécessaire à l'information du public).

c. La captation de l'image pour des raisons d'ordre public

Il peut arriver que l'image d'une personne soit captée et diffusée contre le gré de celle-ci, pour des raisons tenant à la sécurité publique. L'intéressé peut-il, dans une telle hypothèse, invoquer une violation du droit au respect de son image ? La jurisprudence publiée donne une réponse négative. Ainsi l'automobiliste surpris en flagrant délit d'excès de vitesse par un cinémomètre associé à un appareil de prise de vues ne peut invoquer ni le droit au respect de son image, ni l'art. 8 de la Convention européenne des droits de l'homme, pour que les clichés ainsi obtenus soient écartés des débats (TGI Lyon, 29 août 1980,

D. 1981, p. 507, note Lindon; Crim. 7 mai 1996, *Bull.* 1996, n° 189, p. 549). Il en est de même pour l'individu placé en garde à vue qui fait l'objet d'une prise de photographies anthropométriques et d'empreintes digitales (TGI Marseille, 23 mars 1995, *D.* 1996, p. 40, note Frayssinet).

d. La captation de l'image dans un intérêt historique

Dans l'affaire concernant la captation et la publication de l'image de la dépouille mortelle du président de la République François Mitterrand (TGI Paris, 13 janv. 1997, préc., *D.* 1997, p. 255, note Beignier), l'hebdomadaire *Paris Match* faisait valoir que la diffusion de ces photographies était justifiée par des raisons historiques. L'argument est justement écarté dans la mesure où l'on voit mal quel pouvait être l'intérêt historique de telles photographies. En revanche, dans l'affaire *Paul Touvier* (Crim. 16 mars 1994, *JCP* 1995, II, 22547, note Ravanas), l'argument a été retenu au motif que la constitution d'archives audiovisuelles de la justice (loi n° 85-699 du 11 juillet 1985) autorisait l'enregistrement du procès pour complicité de crime contre l'humanité, et donc la captation de l'image de l'accusé.

Hormis ces exceptions, le principe demeure que la personne est protégée contre l'utilisation abusive de son image. Reste que l'autonomie du droit à la protection de l'image peut être discutée dans la mesure où il est rare, en jurisprudence, que la victime n'ait à se plaindre que d'une utilisation abusive de son image. En effet, celle-ci s'accompagne souvent d'une atteinte à la vie privée ou d'une atteinte à l'honneur. Voilà qui semble bien confirmer l'hypothèse qu'il n'existe pas vraiment *des droits* de la personnalité, mais une protection d'ensemble de la personne, contre différents types d'atteintes.

C - La protection de la voix

La voix est l'image sonore de la personne. Elle est – presque – un second visage (R. Lindon, *op. cit.*, p. 306). Aussi la jurisprudence sanctionne-t-elle les utilisations non autorisées de la voix d'autrui (TGI Paris, 3 déc. 1975, *D.* 1977, 211, aff. *Claude Piéplu*; TGI Paris, 11 juill. 1977, *D.* 1977, p. 700, aff. *Léon Zitrone*; TGI Paris, 19 mai 1982, aff. *Maria Callas, D.* 1983, p. 147, note Lindon). Dans ces affaires, les juges affirment que « la voix est un attribut de la personnalité, et que toute personne est en droit d'interdire que l'on imite sa voix dans des conditions susceptibles de créer une confusion de personne ou de lui causer un préjudice ». De plus, l'article 226-1 du Code pénal incrimine le fait de capter, d'enregistrer ou de transmettre des paroles prononcées à titre privé ou confidentiel, sans le consentement de leur auteur. Les peines sont de un an d'emprisonnement et de 45000 € d'amende.

D - La protection de l'honneur

Naguère, les atteintes à l'honneur se réglaient en duel. Mais le duel est aujourd'hui interdit (il peut être puni des peines de l'assassinat). Au plan pénal, l'atteinte à l'honneur constitue, dans certains cas, les infractions d'injure ou de diffamation. Au-delà a été posée la question de l'existence d'un « droit à l'honneur ». Bien qu'elle figure dans certains manuels, l'expression est incorrecte dans la mesure où il n'existe pas véritablement de droit subjectif à l'honneur – quel en serait le débiteur ? – mais, plus simplement, un droit à la protection de l'honneur. Ainsi, la jurisprudence reconnaît-elle à toute personne le droit de défendre son honneur et sa réputation. La victime d'une atteinte à son honneur peut poursuivre l'auteur de celle-ci et obtenir des dommages et intérêts, à condition que l'atteinte procède d'une intention de nuire (TGI Paris, 14 avr. 1972, *JCP* 1973, II, 17561, aff. *G. Monnerville*).

II - La sanction des atteintes à la personnalité

La victime d'une atteinte à sa personnalité peut obtenir des dommages et intérêts pour réparer le préjudice que lui a causé cette atteinte. La solution vaut aussi bien pour les atteintes à la vie privée, que pour les atteintes à l'honneur, à l'image ou à la voix. Les conditions de mise en œuvre de cette protection sont celles de l'article 1382 du Code civil (le demandeur doit donc prouver une faute, un préjudice et un lien de causalité). Reste qu'en matière d'atteinte à la vie privée, la jurisprudence semble s'écarter de l'article 1382 et admettre, sur le fondement de l'article 9 du Code civil, que la seule constatation de l'atteinte à la vie privée ouvre droit à réparation sans que la démonstration d'un préjudice particulier soit faite (Civ. 1re, 5 nov. 1996, *D.* 1997, p. 403, note Laulom ; *D.* 1997, somm., p. 289, obs. Jourdain ; *JCP* 1997, II, 20805, note Ravanas; Civ. 1re, 25 févr. 1997, *JCP* 1997, II, 22873, note Ravanas). De même, la jurisprudence considère qu'il y a atteinte à l'image dès la captation de celle-ci, indépendamment même de sa reproduction ou de sa diffusion. La protection de la personnalité semble donc, en ce qui concerne la réparation du préjudice réalisé, s'émanciper de la tutelle de l'article 1382. Reste que, dans de tels domaines, il est aussi très utile de pouvoir obtenir des mesures en nature qui permettront de faire cesser le trouble dans l'avenir. Ainsi, en cas d'atteinte à l'intimité de la vie privée, le juge civil peut-il prescrire « toute mesure propre à faire cesser le trouble » (art. 9 C. civ.). Il s'agit de la saisie, mais la pratique démontre que les juges y sont réticents car cette mesure met directement en cause la liberté d'expression. En outre, elle a des conséquences financières très lourdes pour les petites entreprises de presse. C'est pourquoi les magistrats l'utilisent peu, ou en limitent l'ampleur géographique (*contra,* en raison peut-être de la personnalité de l'intéressé, l'affaire du « *Grand secret* » : TGI Paris, ord. référé, 18 janv. 1996, *JCP* 1996, II, 22589, note Derieux). Il peut s'agir également d'une mesure de séquestre, de l'insertion du dispositif de la décision de condamnation dans plusieurs journaux aux frais du responsable ou de la suppression des passages litigieux. En outre, en cas d'atteinte à l'intimité de la vie privée, ces différentes mesures peuvent être demandées en référé.

Restent deux questions. Comment distinguer une atteinte à la vie privée d'une atteinte à l'intimité de la vie privée – laquelle semble seule autoriser le recours à des mesures en nature (art. 9, al. 2, C. civ.) ? Les autres atteintes à la personnalité (image, voix, honneur) sont-elles justiciables de mesures en nature ? À vrai dire, les deux questions peuvent être résolues ensemble. En effet, le recours à des sanctions en nature n'est plus, comme par le passé, l'apanage des seules atteintes à l'intimité de la vie privée. La distinction, périlleuse, entre vie privée et intimité n'a donc plus lieu d'être. En effet, d'après l'article 809 du nouveau Code de procédure civile, le juge des référés détient aujourd'hui le pouvoir de faire cesser « un trouble manifestement illicite ». Et la jurisprudence décide que l'article 809 peut être appliqué aux atteintes à la vie privée (révélations d'un magazine qui, même si elles ne concernent pas l'intimité de la vie privée (art. 9, al. 2, C. civ.), constituent une intrusion fautive et délibérée dans la vie de l'intéressé: Civ. 1re, 13 avr. 1988, *Bull.* I, n° 97) ou à l'image (Paris, 19 juin 1987, *JCP* 1988, II, 20957, note Auvret). On semble donc s'acheminer vers une uniformisation de la sanction des atteintes à la vie privée, ce qui confirme la thèse de l'unité profonde de la protection de la personne.

Lire aussi

- Beignier B., *Le droit de la personnalité*, PUF, coll. « Que sais-je ? », n° 2703
- Cabrillac R., Frison-Roche M.-A., Revet Th. (dir.), *Droits et libertés fondamentaux*, Dalloz, 9e éd., 2003
- Hassler Th. et Lapp V., « Le droit à l'information du public confronté aux droits des victimes », *Petites affiches*, n° 151, 17 déc. 1997
- Lindon R., *Les droits de la personnalité*, Dictionnaires juridiques, Dalloz, 1983

Sur la protection de la vie privée
- Contamine-Raynaud M., « Le secret de la vie privée », *in L'information en droit privé*, LGDJ 1978, p. 401 et s.
- Decocq A., *Le secret de la vie privée en droit français*, Travaux de l'Association Henri-Capitant, tome XXV, Dalloz, 1974, p. 467 et s.
- Kayser P., *La protection de la vie privée par le droit*, préf. H. Mazeaud, 3e éd., Economica, 1995
- Levasseur G., « La protection pénale de la vie privée », *Mélanges Kayser,* 1979, tome II, p. 107

Sur la protection de l'image

- Acquarone D., « L'ambiguïté du droit à l'image », *D.* 1985, chron., p. 128
- Fiechter-Boulvard F., « La caricature : dualité ou unité », *RTD civ.* 1997, p. 67
- Gaillard E., « La double nature du droit à l'image et ses conséquences en droit positif français », *D.* 1984, chron., p. 161
- Ravanas J., *La protection des personnes contre la réalisation et la publication de leur image*, LGDJ, 1978
- Ravanas J., « Retour sur quelques images », *D.* 2002, chron., p. 1502

Sur la protection de la voix

- Huet-Weiller D., « La protection juridique de la voix humaine », *RTD civ.* 1982, p. 497 et s.

Sur la protection de l'honneur

- Beignier B., *L'honneur et le droit*, LGDJ, 1995
- Lacabarats A., « La protection judiciaire des atteintes à la réputation : la voie civile », *Gaz. Pal.* 1994, 2, doct., p. 1003

Section 3
Le droit au respect de la présomption d'innocence

Depuis la loi n° 93-2 du 4 janvier 1993, portant réforme de la procédure pénale, le législateur a consacré le droit au respect de la présomption d'innocence (art. 9-1 C. civ.). Malgré la codification du texte juste après l'article 9, et malgré une grande similitude de construction, l'intégration de la présomption d'innocence dans le Code civil est discutable dans la mesure où l'on peut douter qu'une règle de preuve, voire une règle de traitement (en ce sens, v. la thèse de V. Massol, *La présomption d'innocence*, Toulouse, 1996), puisse se muer en un droit subjectif et devenir un attribut de la personnalité. En effet, un attribut de la personnalité appartient à toute personne du fait de sa naissance, alors qu'une règle de preuve, ou de traitement, ne concernent que les individus qui sont parties à une procédure pénale…

En outre, il n'est pas certain que le recours à la technique du droit subjectif soit véritablement de nature à renforcer le respect de la présomption d'innocence, surtout depuis que la loi du 24 août 1993 – qui a réformé la loi du 4 janvier – a réduit le domaine de la disposition nouvelle. En effet, dans sa nouvelle rédaction, le texte ne vise plus que les personnes placées en garde à vue, les personnes mises en examen ou celles qui sont citées à comparaître, sont visées par un réquisitoire introductif ou par une plainte avec constitution de partie civile. Si ces personnes sont, avant toute condamnation, présentées publiquement comme étant coupables des faits faisant l'objet de la poursuite, elles pourront obtenir, en référé, l'insertion d'un communiqué destiné à faire cesser l'atteinte à la présomption d'innocence. Mais le délai pour agir est de trois mois (comme en matière de diffamation), ce qui affaiblit sensiblement l'efficacité du dispositif de sorte qu'il est permis de se demander si les personnes qui ne sont pas visées par l'article 9-1 ne sont pas finalement mieux traitées puisqu'elles peuvent toujours agir en référé sur le fondement de l'article 809 du nouveau Code de procédure civile et demander réparation de leur préjudice sur le fondement de l'article 1382 du Code civil dans le délai de droit commun (dix ans)… Bien curieux résultat pour un texte qui relève finalement beaucoup plus de la procédure pénale que du Code civil.

Lire aussi

- Auvret P., « Le droit au respect de la présomption d'innocence », *JCP* 1994, I, 3802
- Auvret P., « Le journaliste, le juge et l'innocent », *Rev. sc. crim.* 1996, p. 625
- Mayer D., « L'information du public par la presse sur les affaires en cours d'instruction », *D.* 1995, chron., p. 80
- Puechavy M., « La présomption d'innocence en droit français et la convention européenne des droits de l'homme », *RTDH* 1996, p. 135
- Robert J.-H., « La protection de la présomption d'innocence selon la loi du 4 janvier 1993 », *Légipresse*, 1994, II, p. 37

Titre II
La capacité des personnes physiques

D'après l'article 488 du Code civil, « la majorité est fixée à dix-huit ans accomplis ; à cet âge, on est capable de tous les actes de la vie civile ». Toutes les personnes majeures sont donc présumées pouvoir effectuer librement des actes juridiques. Mais ce serait oublier que les hommes ne naissent et ne demeurent pas égaux en lucidité. Et l'expérience révèle que certains individus ne peuvent être traités comme les autres sujets de droits parce qu'en raison de leur âge, d'une infirmité ou d'une maladie de l'esprit ou du corps, ils ne disposent pas de toutes leurs facultés mentales. Cette inégalité naturelle s'impose au droit qui assure à ces personnes une protection particulière grâce à deux outils : l'incapacité et la classification des actes juridiques.

L'incapacité est une technique juridique qui tend à limiter l'autonomie de l'individu. **L'incapacité d'exercice** retire à la personne la possibilité de mettre en œuvre elle-même les droits dont elle est titulaire, alors que **l'incapacité de jouissance** empêche l'individu d'être titulaire de certains droits. L'incapacité d'exercice n'empêche donc pas la mise en œuvre des droits de l'incapable par un tiers, le représentant, alors que l'incapacité de jouissance porte directement atteinte aux droits de l'incapable et, indirectement, à sa personnalité. C'est pourquoi elle est exceptionnelle et n'est prévue que pour certains actes particuliers comme le testament (art. 903 C. civ.). En outre, alors qu'il existe des incapacités générales d'exercice – l'incapable ne peut mettre en œuvre lui même aucun des droits dont il est titulaire –, il n'existe pas d'incapacité générale de jouissance; l'inverse reviendrait quasiment à nier la personnalité de l'incapable.

Sur le plan patrimonial, la protection des incapables repose aussi sur la distinction des actes conservatoires, des actes d'administration et des actes de disposition. **L'acte conservatoire** est celui qui permet de sauvegarder un droit (interruption d'une prescription ou inscription d'une hypothèque, par exemple). Il n'y a guère de danger à laisser un incapable accomplir un tel acte puisqu'il ne peut lui être que profitable. **L'acte d'administration** est, quant à lui, l'acte qui permet de faire fructifier le patrimoine (par exemple un bail d'une durée inférieure à neuf ans). Cet acte peut aussi être accompli par un incapable car, en principe, il n'est pas dangereux patrimonialement. Il en va différemment de **l'acte de disposition**, qui modifie la composition du patrimoine (par exemple une vente), et engendre un risque d'appauvrissement. À vrai dire, ces catégories ne sont pas totalement étanches. En effet, certains actes de disposition peu graves sont assimilés à des actes d'administration: c'est le cas, par exemple, des ordres d'achat ou de vente donnés dans le cadre de la gestion d'un portefeuille de valeurs mobilières. À l'opposé, certains actes d'administration graves sont assimilés à des actes de disposition. C'est le cas du bail d'immeuble de plus de neuf ans, lorsqu'il emporte, pour le preneur, un droit au renouvellement.

Telles sont les deux techniques que notre droit utilise pour protéger les incapables qu'ils s'agisse des enfants mineurs (chap. I) ou des majeurs protégés (chap. II) en raison de l'altération de leurs facultés mentales.

Chapitre I
Les mineurs

La minorité est l'état de la personne qui n'a pas atteint l'âge de dix-huit ans révolus (art. 388 C. civ.). Entre sa naissance et sa majorité, l'enfant est placé sous la protection des adultes. Il ne peut accomplir aucun acte important car on craint qu'il ne se fasse duper en raison de son jeune âge et de son inexpérience. Ce sont ses parents qui agissent à sa place en qualité de représentants légaux. Le mineur est soumis à une incapacité de protection. Cette protection concerne aussi bien la personne (section 1) que les biens (section 2) de l'enfant.

Section 1
La protection de la personne de l'enfant

Les règles qui protègent la personne de l'enfant constituent l'autorité parentale. Cette autorité appartient aux père et mère pour protéger l'enfant dans sa sécurité, sa santé et sa moralité (art. 371-2 C. civ.). Cette formule, qui peut paraître banale aujourd'hui, doit être replacée dans le contexte de l'évolution historique. Le **droit romain** attribuait au *paterfamilias* une puissance sans limite sur ses enfants et petits-enfants. Chef absolu du lignage, il avait, sur la personne de ses descendants, le droit de vie et de mort, le droit de les vendre ou de les exposer, et le droit de les abandonner en réparation du préjudice que ceux-ci avaient pu causer à autrui (abandon noxal). Le père de famille régnait aussi en maître sur le patrimoine familial. Ceux qui se trouvaient en sa puissance n'avaient aucune propriété personnelle. L'**ancien droit** faisait assez largement place aux principes du droit romain. La puissance paternelle des coutumes germaniques – *mundium* – était très proche de la *patria potestas* du droit romain. Mais le droit de vie et de mort du père de famille fait, peu à peu, place à un droit de correction plus limité : « le père peut battre l'enfant, pourvu qu'il ne le blesse pas grièvement [...]; il peut le tenir enfermé dans une chambre, le faire placer dans un couvent ou dans une prison publique » (J. Brissaud, *Manuel d'histoire du droit privé*, De Boccard, 1935, p. 113). Peu à peu, le droit de correction ne s'exerça plus qu'avec le concours des tribunaux. Le **Code Napoléon** atténua encore la rigueur du sort des enfants, sans toutefois que disparaisse la puissance paternelle conçue comme un droit quasiment absolu du père, qui prenait seul les décisions relatives à l'enfant, et disposait encore d'un droit de correction étendu. Ainsi pouvait-il, par voie d'autorité et sans avoir de justification à fournir, obtenir l'emprisonnement de son enfant, sans que la justice puisse s'y refuser : le président du tribunal était *obligé* de signer l'ordre d'arrestation que le père lui demandait (art. 375 anc. C. civ.). À la vérité, les tribunaux avaient imaginé des moyens de contrôler les motifs du père et, dans la pratique, le droit de correction du père par voie d'autorité n'était plus véritablement absolu (M. Planiol et G. Ripert, *Traité élémentaire de droit civil,* tome I, LGDJ, 1925, n° 1669, p. 541).

Aujourd'hui, l'article 371-1 du Code civil ne prévoit donc plus des droits absolus, mais des droits-fonction, dans le but de protéger l'enfant. Un chemin considérable a été parcouru, qui a trouvé des prolongements dans la proclamation, en 1989, par l'Organisation des Nations unies de la Convention internationale sur les droits de l'enfant. On présentera successivement les titulaires de l'autorité parentale (I), les prérogatives que la loi reconnaît à ces titulaires (II), le contrôle de l'autorité parentale (III) et la question des droits de l'enfant (IV).

I - Les titulaires de l'autorité parentale

Même si l'évolution législative, notamment avec la loi n° 2002-305 du 4 mars 2002 tend incontestablement à un rapprochement des deux situations, il convient de distinguer selon que l'on est en présence d'un enfant légitime (A) ou d'un enfant naturel (B).

A - Les titulaires de l'autorité parentale sur l'enfant légitime

Pendant le mariage, l'autorité parentale appartient conjointement au père et à la mère. Ils en sont tous deux titulaires et l'exercent ensemble, c'est-à-dire qu'ils prennent d'un commun accord les décisions relatives à l'enfant. En cas de conflit entre les parents, un recours est possible devant le juge aux affaires familiales. Ce système présente toutefois l'inconvénient de faire intervenir un étranger dans l'intimité familiale. En outre, le juge n'est pas toujours à même d'arbitrer le conflit parental (pour une affaire révélatrice, v. Civ. 1re, 11 juin 1991, *D.* 1991, p. 521, note Malaurie: le choix de la religion de l'enfant, qui faisait l'objet du désaccord des parents, sera fait par la mineure elle-même à sa majorité...). À l'enfant légitime est assimilé l'enfant adoptif. En effet, quelle que soit la nature de l'adoption prononcée – adoption simple ou adoption plénière –, l'adopté est placé sous l'autorité parentale de l'adoptant.

En cas de dissolution du mariage par décès, l'autre parent exerce seul l'autorité parentale (art. 373-1 C. civ.). En cas de décès des deux parents, il y a lieu à l'ouverture d'une tutelle (v. *infra,* p. 107).

En cas de dissolution par divorce, la situation est plus complexe. L'autorité parentale reste, en principe, exercée en commun (art. 373-2 C. civ.), ce qui suppose, évidemment, que subsiste un minimum d'accord entre les père et mère sur ce qu'exige l'intérêt des enfants. Le plus souvent, la résidence des enfants est fixée chez l'un ou l'autre des parents (pour une décision ayant fixé la résidence de l'enfant chez le père, en raison du tabagisme excessif de la mère mettant en danger la santé de l'enfant, v. TGI Marseille, 9 mars 2000, *JCP* 2001, 10590, note Bugada). Mais la loi du 4 mars 2002 donne expressément au juge aux affaires familiales la possibilité de fixer la résidence de l'enfant en alternance au domicile de chacun des parents, ce qui avait déjà été admis par certaines juridictions (Lyon, 5 oct. 1993, *JCP* 1994, II, 22231, note Fulchiron; Paris, 10 févr. 1999, *JCP* 1999, II, 10170 et nos obs.).

Lorsque les parents ne s'entendent pas suffisamment pour que l'autorité parentale soit exercée en commun, le juge attribue l'exercice de cette autorité à l'un d'entre eux (art. 373-2-1 C. civ.). L'autre parent bénéficie alors automatiquement d'un droit de surveillance de l'éducation donnée et des décisions prises par le parent auquel l'enfant a été confié, et du droit d'être informé par l'autre parent du contenu de ces décisions (même texte). Un droit de visite et d'hébergement ne peut lui être refusé que pour des motifs graves. Enfin, dans des cas exceptionnels, le juge peut décider de confier l'enfant à un tiers. Chaque parent sera alors titulaire du droit de surveillance, du droit d'information, et du droit de visite et d'hébergement.

B - Les titulaires de l'autorité parentale sur l'enfant naturel

Pendant la vie commune l'autorité parentale sur l'enfant naturel est exercée par les deux parents (art. 372 C. civ.).

En cas de séparation, on applique les mêmes règles que dans la famille légitime.

En cas de décès, l'autorité parentale est exercée en entier par l'autre parent. Toutefois, si l'enfant n'avait été reconnu que par le parent défunt, il y a lieu à l'ouverture d'une tutelle (v. *infra*, p. 107).

II - Les prérogatives que confère l'autorité parentale

L'originalité de la réforme de l'autorité parentale réalisée par la loi du 4 juin 1970 est que les droits reconnus aux père et mère sont autant de devoirs qui leur sont imposés dans l'intérêt de l'enfant. Le droit de garde sur l'enfant est aussi un devoir de garde de l'enfant, le droit d'éducation est aussi le devoir d'éduquer, le droit de surveillance se double du devoir de surveiller. Tout droit étant également un devoir, il n'y a plus d'absolutisme et le juge peut contrôler que le droit est exercé conformément à sa finalité: l'intérêt de l'enfant. Telle est la grande nouveauté du système mis en place en 1970, à l'inspiration du doyen Carbonnier. Les droits qui sont reconnus aux parents ne le sont plus dans leur intérêt propre, mais dans l'intérêt de l'enfant. Avant la loi du 4 mars 2002, on admettait que l'autorité parentale confère aux père et mère trois prérogatives essentielles: la garde (A), la surveillance (B) et l'éducation (C). La loi nouvelle n'a pas repris ces prérogatives, mais il n'est pas douteux qu'elles demeurent. L'article 371-1 du Code civil ajoute que les parents doivent associer l'enfant aux décision qui le concernent (D).

A - La garde

La notion de garde a, officiellement, été supprimée par la loi Malhuret du 22 juillet 1987. Mais l'effacement du terme n'a pas suffi à faire disparaître la réalité qu'il traduisait. Ici comme ailleurs, on retrouve un droit et un devoir. Un droit: l'enfant mineur doit demeurer avec ses père et mère, et ceux-ci ont le droit de le retenir auprès d'eux (art. 371-3 C. civ.). Ils peuvent même demander l'assistance de la force publique pour faire réintégrer la résidence familiale à un enfant fugueur. Un devoir, dans la mesure où les parents qui n'exercent pas leur droit de garde peuvent se voir retirer l'autorité parentale ou même être condamnés pénalement pour manque de direction (art. 227-17 C. pén.; pour un exemple d'application à propos parents adeptes de la secte du Sahaja Yoga qui avaient envoyé leur enfant de six ans et demi en Inde, dans un établissement de la secte: Crim., 11 juill. 1994, Bull. n° 269; *Journal du droit des jeunes*, n° 146, juin 1995, p. 21 et nos obs.). Toutefois, la loi autorise dans certaines conditions l'abandon d'enfant (art. 341-1 C. civ.).

B - La surveillance

Les parents ont le droit de contrôler les relations de l'enfant avec l'extérieur. Ils peuvent notamment lui interdire certaines fréquentations, intercepter sa correspondance – à l'exception toutefois de celle qui provient des grands-parents et autres ascendants (art. 371-4, al. 1er, C. civ.) –, s'opposer à sa sortie du territoire national. Ils autorisent également les traitements médicaux et les interventions chirurgicales pratiquées sur l'enfant. Mais la surveillance est aussi un devoir pour les parents. Ils doivent protéger l'enfant contre les agressions venues de l'extérieur, et veiller à sa santé, à sa sécurité, et à sa moralité. S'ils s'acquittent mal de ce devoir, il est possible de recourir à des mesures d'assistance éducative (v. *infra,* p. 100). Les parents peuvent aussi être condamnés à indemniser les tiers victimes de préjudices causés par leurs enfants (art. 1384 al. 4 C. civ.).

C - L'éducation

Les parents décident de l'éducation qu'ils donnent à leurs enfants, et notamment de leur orientation scolaire, religieuse, artistique, de leurs loisirs, leurs voyages... Au titre de l'éducation, on admet que les parents disposent aussi d'un droit de correction dans le cas de ce que le doyen Carbonnier nomme les « infractions à la discipline familiale » (*Droit civil,* tome 2, coll. « Thémis », n° 164). De façon plus radicale, certains pays, comme la Suède, ont interdit aux parents tout châtiment corporel, même léger, sur leurs enfants. Le droit français n'a pas suivi cette tendance, ce qui paraît finalement justifié, d'autant que le droit de correction d'aujourd'hui est infiniment plus limité que par le passé: il n'autorise plus que « *des gifles ou des tapes inoffensives* » (T. pol. Bordeaux, 19 mars 1981, *D.* 1982, p. 182, note Mayer).

Sur le terrain du devoir d'éducation, l'article 213 du Code civil impose aux père et mère de pourvoir à l'éducation des enfants et de préparer leur avenir. Ainsi, les parents ne peuvent-ils faire obstacle à la fréquentation scolaire de leurs enfants.

Et ils peuvent être condamnés à verser une pension alimentaire à leur enfant, même après sa majorité, lorsqu'il poursuit des études.

D - L'association de l'enfant aux décisions qui le concernent

Il s'agit d'une obligation nouvelle, inscrite dans le Code civil par la loi n° 2002-305 du 4 mars 2002. D'après l'article 371-1 *in fine*, « les parents associent l'enfant aux décisions qui le concernent, selon son âge et son degré de maturité ». Plusieurs observations peuvent être faites sur ce texte à la fois lacunaire et imprudent. D'une part, l'association est une obligation pour les parents, sous réserve que l'âge et le degré de maturité de l'enfant le permettent. Or, le texte ne définit aucun seuil d'âge. Quant au degré de maturité, il est d'une appréciation bien délicate. D'autre part, le texte n'indique pas les domaines dans lesquels l'enfant doit être associé aux décisions prises. Et la simple référence aux « décisions qui le concernent » risque d'ouvrir sur une liste bien longue : éducation scolaire, éducation religieuse, loisirs, sports… mais aussi changement de la voiture de la famille, réalisation de travaux dans la chambre des enfants, déménagement, et pourquoi pas divorce ou séparation des parents… Ensuite, le texte n'indique pas quelle est la portée de cette association : l'enfant a-t-il simplement voie consultative (concrètement, les parents continueront de décider seuls) ou a-t-il voie délibérative, ce qui reviendrait à donner à l'enfant le pouvoir de refuser la décision de ses père et mère ?… Enfin, rien n'est dit sur la sanction du défaut d'association (nullité de la décision prise ? recours de l'enfant contre la décision de ses parents ? devant quel juge ?…). On voit bien le peu de raison qui s'attache à cette obligation nouvelle qui témoigne une nouvelle fois (la constatation a déjà été faite pour la loi du 4 mars 2002 relative au nom de famille) de la stupéfiante tendance du législateur contemporain à créer des règles de droit insuffisamment abouties, qui risquent de susciter des contentieux nourris pour lesquels la loi ne prévoit aucune règle de résolution… Signe

BIBLIOTHEQUE UNIVERSITAIRE DROIT LETTRES

d'incohérence d'un législateur qui cherche, dans le même temps, à désencombrer les juridicitions...

Les prérogatives que la loi accorde aux parents n'étant plus absolues, notre droit organise un contrôle de l'autorité parentale.

III - Le contrôle de l'autorité parentale

La loi de 1970 organise un contrôle de l'autorité parentale selon plusieurs modalités. Lorsqu'un enfant se trouve dans une situation de danger, il est possible de saisir le juge des enfants au titre de l'assistance éducative (A). Le Code prévoit aussi des hypothèses de délégation ou de retrait de l'autorité parentale (B).

A - L'assistance éducative

Lorsque la santé, la sécurité ou la moralité d'un mineur sont gravement compromises, l'article 375 du Code civil prévoit que les père et mère, le ministère public, la personne à laquelle l'enfant a été confié et l'enfant lui-même peuvent demander au juge des enfants d'intervenir. Dans les cas les plus graves, le juge peut même se saisir d'office. Ces dispositions sont doublement dérogatoires. Elles dérogent à la règle de l'incapacité du mineur qui, en principe, ne peut pas saisir un juge ou engager une action en justice. Elles dérogent aussi au principe dispositif selon lequel l'initiative de l'instance appartient aux parties au procès (art. 1er NCPC). Afin de protéger la liberté des parties, le juge n'a pas, en principe, le pouvoir de se saisir d'office. L'article 375 déroge à ces principes pour des raisons tenant à la fois au danger dans lequel se trouve l'enfant et à l'urgence qu'il y a à y mettre fin. L'intervention du juge des enfants ne vise pas à sanctionner les parents, mais à les aider dans leur tâche éducative. Pour cela, le juge dispose d'un large éventail de mesures, prévues par les articles 375-2 et 375-3 du Code civil. L'enfant doit, autant qu'il est possible, être maintenu dans son milieu actuel, c'est-à-dire dans son milieu familial. Mais puisqu'il y est en danger, le juge doit prendre certaines précautions. Il peut désigner soit un éducateur, soit un service éducatif en milieu ouvert, qui auront pour mission d'apporter aide et conseil à la famille et de faire périodiquement un rapport au juge. Celui-ci peut aussi subordonner le maintien de l'enfant dans sa famille à l'accomplissement de certaines obligations. Par exemple, fréquenter régulièrement un établissement sanitaire, un établissement d'éducation ou de formation, ou alors exercer une activité professionnelle. Lorsque le maintien de l'enfant dans sa famille est impossible, le juge peut décider de le confier à celui des parents qui n'exerce pas l'autorité parentale, ou chez lequel l'enfant n'a pas sa résidence habituelle. À défaut, il peut le confier à un autre membre de la famille, ou à un tiers digne de confiance, ou à un établissement sanitaire ou d'éducation, ou au service départemental de l'aide sociale à l'enfance (anciennement DDASS). Quelle que soit la mesure prise, le juge doit s'efforcer d'obtenir l'adhésion de la famille (art. 375-1, al. 2): une décision comprise et acceptée a de meilleures chances d'être appliquée, et donc de réussir. Lorsque l'enfant est retiré à ses parents, ceux-ci conservent en principe l'autorité parentale. En vérité, ils perdent ce qu'on peut appeler les prérogatives quotidiennes de l'autorité parentale: le droit d'éduquer l'enfant au jour le jour. Ils ne conservent que les prérogatives qui ne sont pas incompatibles avec la mesure prise (art. 375-7 C. civ.) et ils bénéficient en outre d'un droit de visite et de correspondance, dont les modalités sont fixées par le juge. Comme toujours lorsqu'il s'agit d'enfants, la mesure prise au titre de l'assistance éducative est toujours révisable en fonction de ce qu'exige l'intérêt du mineur.

B - La délégation et le retrait de l'autorité parentale

La délégation de l'autorité parentale résulte d'une procédure judiciaire par laquelle l'autorité parentale est confiée à d'autres que les parents. Elle peut être volontaire (art. 377 C. civ.: les père et mère consentent expressément à déléguer l'autorité parentale à un tiers). Elle peut aussi être forcée, lorsque les parents se sont désintéressés de l'enfant depuis plus d'un an. La délégation peut être totale ou partielle. Dans tous les cas, le délégataire exerce, à la place des père et mère, les attributs de l'autorité qui lui ont été délégués. Mais la délégation est toujours provisoire, et les parents peuvent toujours demander que leurs soient restituées les prérogatives qui leur avaient été retirées (art. 377-2 C. civ.). Le juge statue alors selon l'intérêt de l'enfant.

Quant au retrait de l'autorité parentale, il a été substitué à l'ancienne déchéance de l'autorité parentale par la loi du 5 juillet 1996. Il sanctionne soit les parents auteurs d'infractions pénales accomplies sur ou par leur enfant (art. 378 C. civ.), soit les père et mère dont les vices mettent leurs enfants en danger (art. 378-1 C. civ.). Le retrait peut être total ou partiel. Le juge peut aussi décider qu'il ne concernera que certains enfants seulement. En outre, il ne concerne pas les enfants à naître. Enfin, comme dans l'hypothèse précédente, les parents peuvent demander la restitution de leurs prérogatives d'autorité parentale. Ils doivent, pour cela, rapporter la preuve de circonstances nouvelles (art. 381 C. civ.).

IV - Les droits de l'enfant

Les droits de l'enfant sont un défi à son incapacité. En effet, affirmer les droits de l'enfant revient à doter le mineur de prérogatives semblables à celles dont disposent les majeurs. Or, la plus grande prudence s'impose en la matière. Le mineur n'est pas un petit homme, mais seulement un petit d'homme, dont il n'est pas absolument certain que les intérêts fondamentaux soient de rechercher ses origines ou d'être mêlé à des procès d'adultes, – quand bien même ceux-ci le concerneraient. Pour autant, l'assemblée générale des Nations unies n'a pas hésité à adopter, à l'unanimité, le 20 novembre 1989, une Convention internationale sur les droits de l'enfant (CIDE). Cette convention a été ratifiée par la France et y est entrée en vigueur dès le mois d'octobre 1990. Cependant, en dépit des dispositions de l'article 55 de la Constitution du 4 octobre 1958, la Cour de cassation a refusé l'application directe de cette convention devant les juridictions de l'ordre judiciaire (Civ. 1re, 10 mars 1993, *D.* 1993, p. 361, note Massip; *JCP* 1993, I, 3688, n° 4, obs. Rubellin-Devichi; *Rev. crit. DIP* 1993, p. 449, note Lagarde; *RTD civ.* 1993, p. 341, obs. Hauser; Civ. 1re, 15 juill. 1993, *D.* 1994, p. 191, note Massip; *JCP* 1994, I, 3729, n° 1, obs. Rubellin-Devichi; *JCP* 1994, II, 22219, note Benhamou; *RTD civ.* 1993, p. 814, obs. Hauser). Dès lors, les dispositions de la convention n'acquerront leur force en droit interne que lorsqu'elles y auront été transposées par des lois particulières. Tel a été, notamment, l'objet de la loi du 8 janvier 1993.

Parmi les principaux droits que la convention accorde aux enfants, on trouve le droit à la vie (art. 6), le droit pour l'enfant de connaître, dans la mesure du possible, ses parents et d'être élevé par eux (art. 7) et le droit d'exprimer son opinion dans toute question ou procédure le concernant (art. 12).

Ces textes semblent entrer en conflit avec le droit français interne. En effet, s'agissant de l'article 6, on s'est demandé comment il était possible de concilier le droit à la vie avec la législation française sur l'interruption volontaire de grossesse. La réponse qui semble majoritairement admise en doctrine consiste à affirmer que l'article 6, qui utilise le terme « enfant », ne concerne ni l'embryon ni le fœtus. L'interruption de la grossesse ne serait donc pas contraire à la CIDE. Chacun connaît, cependant, la force toute relative des arguments de texte, lorsqu'ils ne sont pas soutenus par un raisonnement de droit.

S'agissant de l'article 7, on s'est demandé si le droit pour l'enfant de connaître ses parents ne condamnait pas les dispositions par lesquelles le droit français organise un secret du lien de filiation (accouchement sous X; adoption plénière; don anonyme de gamètes). Là encore, la réponse semble s'articuler autour de deux arguments de texte. Le premier consiste à dire que l'article 7 ne vise pas les parents biologiques, mais seulement les parents de manière générale, qui peuvent parfaitement être les parents adoptifs. Le second s'appuie sur la réserve introduite par l'article 7: « dans la mesure du possible ». Ainsi peut-on faire valoir qu'en cas d'accouchement sous X il n'est pas possible de faire accéder l'enfant à ses origines biologiques. La Cour EDH a d'ailleurs jugé que l'accouchement sous X n'est pas incompatible avec la Convention européenne (Cour EDH, 13 févr. 2003, *JCP* 2003, I, 120, obs. Malaurie; *JCP* 2003, II, 10049, note Gouttenoire et Sudre).

S'agissant de l'article 12, le législateur français est intervenu par la loi du 8 janvier 1993 pour donner à l'enfant capable de discernement le droit d'être entendu dans toute procédure le concernant (art. 388-1 C. civ.). Pour autant, ce texte ne donne à l'enfant que le droit de demander à être entendu, de sorte que l'article 12 de la CIDE n'est pas tout à fait respecté. Au demeurant, il n'est pas certain, comme on l'a déjà constaté à propos du transsexualisme, que les textes internationaux méritent systématiquement de prévaloir sur notre droit interne. Cependant, pour faire écho à l'article 12, la loi du 4 mars 2002 relative à l'autorité parentale prévoit désormais que les parents doivent associer l'enfant aux décisions qui le concernent (v. *supra*, p. 99).

Section 2
La protection des biens de l'enfant

Les titulaires de l'autorité parentale, ont aussi pour mission de protéger le patrimoine du mineur. S'agissant des biens, l'autorité parentale confère à ceux qui en sont titulaires l'administration légale et la jouissance légale (I). Dans d'autres cas, notamment pour les enfants orphelins, la protection du patrimoine passe par la mise en œuvre des règles de la tutelle (II). Après l'exposé de ces régimes nous tenterons de dégager la condition juridique du mineur (III).

I - L'administration légale et la jouissance légale

A - L'administration légale

L'administration légale est la charge confiée aux parents de gérer le patrimoine de leurs enfants mineurs. Le régime de l'administration légale varie selon que les parents sont unis ou séparés, vivants ou décédés. On distingue l'administration légale pure et simple (1) et l'administration légale sous contrôle judiciaire (2).

1 - L'administration légale pure et simple

Elle s'applique lorsque l'autorité parentale est exercée en commun par les deux parents (art. 389-1 C. civ.). La solution n'est pas des plus heureuses. En effet, initialement conçue pour les époux vivant ensemble en harmonie – de sorte qu'il n'y avait pas d'opposition entre eux sur la gestion des biens de l'enfant – l'extension de ce régime aux familles désunies, lorsqu'elles exercent en commun l'autorité parentale, accroît sensiblement le risque de mauvaise gestion, d'autant que le contrôle exercé par l'autre parent s'atténue en cas de séparation. Et l'on peut penser que l'exercice en commun de l'autorité parentale aurait dû être limité aux questions personnelles. Quoi qu'il en soit, depuis la loi du 23 décembre 1985, les deux parents sont administrateurs légaux. C'est-à-dire que chacun dispose du pouvoir d'administrer le patrimoine du mineur. En d'autres termes, le père et la mère ont les mêmes pouvoirs, ce qui engendre une difficulté: peuvent-ils agir seuls, ou doivent-ils agir conjointement? En théorie, les deux systèmes sont concevables. On peut exiger, pour chaque acte, l'accord des deux parents – c'est le système de la cogestion –, ou permettre à chacun d'agir seul en vertu de son pouvoir propre: c'est le système de la gestion concurrente. Le Code civil retient les deux systèmes distributivement. Chaque époux a le pouvoir de faire seul les actes conservatoires et les actes d'administration (art. 389-4 et 456 C. civ.). Mais le consentement des deux est nécessaire pour les actes de disposition (art 389-5, al. 1er, et 457 C. civ.). En cas de conflit entre les parents, le consentement est donné par le juge des tutelles (art. 389-5, al. 2, C. civ.). Enfin, pour les actes de disposition les plus graves (emprunt contracté au nom du mineur, apport en société ou vente de gré à gré d'un immeuble appartenant au mineur, partage) la loi exige non seulement le double consentement des parents, mais encore l'autorisation du juge des tutelles (art. 389-5, al. 3).

2 - L'administration légale sous contrôle judiciaire

L'administration légale s'exerce sous contrôle judiciaire lorsque les parents n'exercent pas en commun l'autorité parentale. L'administrateur légal peut faire seul les actes d'administration, mais il doit obtenir l'autorisation du juge des tutelles pour tous les actes de disposition (art. 389-6 C. civ.). Ses pouvoirs prennent fin en cas de majorité ou d'émancipation du mineur, en cas de décès des deux parents – il y a alors lieu à l'ouverture d'une tutelle –, ou lorsque le juge décide d'ouvrir une tutelle. Cette décision peut être prise à tout moment dans l'administration légale sous contrôle judiciaire; elle ne peut l'être que sur cause grave dans l'administration légale pure et simple (art. 391 C. civ.).

Dans l'administration pure et simple comme dans l'administration sous contrôle judiciaire, il peut arriver que les intérêts de l'enfant entrent en conflit avec les intérêts de son représentant légal. Dans une telle hypothèse, le représentant légal doit faire nommer par le juge des tutelles un administrateur *ad hoc* qui représentera l'enfant pour l'acte générateur d'un conflit d'intérêts (art. 389-3, al. 2, C. civ.).

En contrepartie de la charge qu'il impose aux parents de gérer le patrimoine de leurs enfants, le Code civil leur reconnaît le droit de jouissance légale sur ce patrimoine.

B - La jouissance légale

La jouissance légale est le droit, pour les père et mère, de percevoir les revenus – et non le capital – des biens de leur enfant mineur de seize ans.

Les titulaires de la jouissance légale sont précisés par l'article 383, alinéa 2, du Code civil: la jouissance légale est la contrepartie de l'administration légale. Elle appartient donc aux deux parents lorsque l'administration légale est pure et simple, et à un seul, le parent administrateur, lorsque l'administration légale est sous contrôle judiciaire.

En principe, tous les biens composant le patrimoine du mineur sont soumis à la jouissance légale. Il existe cependant trois exceptions. Les biens acquis par l'enfant au moyen de son travail échappent à la jouissance légale (art. 387 C. civ.). Il en est de même des biens donnés ou légués à l'enfant sous la condition expresse que les parents n'en jouiront pas. Le législateur souhaite ainsi permettre à l'enfant de recevoir une libéralité que le disposant ne consentirait peut-être pas si, en raison d'un conflit qui l'oppose aux parents, il souhaite que les revenus du capital légué échappe à ceux-là. Enfin, échappent à la jouissance légale les biens des successions dans lesquelles le père ou la mère ont été déclarés indignes (art. 726 et s. C. civ.). L'indigne n'ayant droit à rien, il ne doit pas profiter des revenus produits par les biens successoraux recueillis par son enfant.

Du fait de la jouissance légale, les parents sont quasiment dans une situation d'usufruitiers. Ils sont donc tenus des mêmes obligations qu'un usufruitier (art. 582 et s. C. civ.), et doivent, notamment, effectuer les réparations d'entretien sur le patrimoine de leur enfant mineur.

Il faut souligner enfin que la jouissance légale prend fin lorsque l'enfant atteint l'âge de seize ans accomplis, ou avant cet âge, lorsqu'il se marie. En effet, émancipé par son mariage, le mineur pourra administrer seul ses biens. La jouissance légale s'éteint également en cas de décès de l'enfant. La règle est parfaitement logique puisque le décès met fin à l'administration légale dont la jouissance légale n'est que la contrepartie. Enfin, la jouissance légale prend fin en cas d'ouverture d'une tutelle, puisque l'administration légale disparaît elle aussi.

II - La tutelle des mineurs

La tutelle est un régime de protection dans lequel la gestion des biens et la protection de la personne du mineur sont confiés à une tierce personne: le tuteur. Ce régime concerne principalement l'enfant dont les deux parents sont décédés ou dans l'impossibilité de manifester leur volonté, ce qui a conduit le législateur à organiser une protection très complète. À la différence de certains systèmes étrangers, qui recourent à la tutelle d'État, le droit français marque sa préférence pour la prise en charge familiale des intérêts de l'enfant orphelin. En droit français, la tutelle n'est déférée à l'État que lorsque l'enfant est totalement dépourvu de famille et qu'en conséquence aucune tutelle familiale ne peut être organisée (enfant abandonné, enfant sans filiation établie…). S'agissant de la tutelle familiale, on abordera successivement l'ouverture de la tutelle (A), son fonctionnement (B), et les pouvoirs du tuteur (C).

A - L'ouverture de la tutelle

D'après les articles 390 et suivants du Code civil, il y a lieu à ouverture d'une tutelle dans trois cas : lorsque les père et mère sont tous deux décédés ou dans l'impossibilité de manifester leur volonté ; lorsque l'enfant à protéger est un enfant naturel sans filiation établie, ou lorsque sa filiation a été établie autrement que par reconnaissance volontaire. En effet, dans ce dernier cas, un adulte qui n'avait pas souscrit de reconnaissance volontaire est, en quelques sorte, contraint à assumer sa paternité ou sa maternité à la suite d'une action en recherche de filiation. Pour tenir compte du caractère involontaire, pour l'adulte, du lien de filiation ainsi créé, notre Code impose l'ouverture d'une tutelle afin de protéger l'enfant contre les éventuelles mesures de rétorsion que l'on peut craindre de la part de ce parent contre son gré. Le troisième cas qui justifie l'ouverture d'une tutelle concerne la possibilité pour le juge, pendant l'administration légale, d'utiliser l'article 391 du Code civil qui lui permet d'ouvrir une tutelle.

D'après l'article 392, si un enfant naturel vient à être reconnu après l'ouverture d'une tutelle, le juge des tutelles peut, à la demande de l'auteur de la reconnaissance, substituer à la tutelle une administration légale sous contrôle judiciaire.

B - L'organisation de la tutelle

La tutelle comprend un organe actif, le tuteur, et plusieurs organes de contrôle car il faut assurer à l'enfant une protection accrue.

1 - Le tuteur

Les fonctions du tuteur sont personnelles, obligatoires et gratuites, sauf dans le cas où le conseil de famille décide d'accorder une indemnité au tuteur. Notre Code prévoit trois modes de désignation du tuteur. Il s'agit de la tutelle testamentaire, de la tutelle légale et de la tutelle dative.

D'après l'article 397 du Code civil, le dernier mourant des père et mère peut choisir, par testament, un tuteur pour l'enfant. Bien entendu, ce tuteur n'entrera en fonctions qu'au décès du dernier des parents. À défaut de testament, ou si le tuteur désigné ne paraît pas apte à la tutelle, on applique les règles de la tutelle légale.

La tutelle légale est déférée à l'ascendant le plus proche en degré de l'enfant (art. 402 C. civ.). La solution est affirmée seulement pour l'enfant légitime, mais elle vaut aussi pour l'enfant naturel (TGI Paris, 4 janv. 1974, *D.* 1975, 479, note Massip). À égalité de degré, le choix est fait par le conseil de famille. En pratique, on constate une nette défiance des juges envers la tutelle légale des ascendants. Ceux-ci sont parfois malades, et ils manquent souvent d'expérience pour promouvoir une gestion efficace du patrimoine du mineur (v. par ex. Civ. 1re, 10 oct. 1984, *Rép. Defrénois* 1985, p. 333, note J. Massip). Reste, enfin, la tutelle dative : à défaut de testament et d'ascendant apte à exercer la tutelle, le tuteur est choisi par le conseil de famille (art. 404 C. civ.). En principe, le tuteur est désigné pour toute la durée de la tutelle, ce qui est un facteur de stabilité de sa gestion. Mais il doit être remplacé en cas de décès, d'incapacité, ou de destitution.

2 - Les organes de contrôle du tuteur

Le tuteur agit sous le double contrôle d'organes familiaux, composés le plus souvent des proches de la personne à protéger, et d'un organe judiciaire : le juge des tutelles.

Les organes de contrôle d'origine familiale sont le subrogé tuteur, qui est choisi par le conseil de famille. Il surveille la gestion du tuteur et représente le mineur en cas d'opposition d'intérêt entre le mineur et son tuteur. Le second organe de contrôle d'origine familiale est le conseil de famille. Il comprend de quatre à six membres (dont le subrogé tuteur) choisis par le juge des tutelles parmi les parents ou alliés des père et mère. Les membres du conseil sont choisis librement. Le juge peut se référer au degré de parenté, mais il tient compte principalement de l'âge, de l'état de santé, des aptitudes des proches, et surtout de l'intérêt qu'ils portent à l'enfant. D'après l'article 408, alinéa 2, du Code civil, le juge des tutelles doit s'efforcer d'assurer une représentation égale des deux lignes familiales de l'enfant. L'article 409 permet, quant à lui, au juge des tutelles d'appeler à faire partie du conseil de famille des amis ou des voisins de l'enfant... ou toute personne pouvant s'intéresser à lui. Le critère de la composition de ce conseil est donc principalement l'intérêt de l'enfant, quels que soient, par ailleurs, les liens de parenté.

Enfin, le juge des tutelles exerce une surveillance générale de l'activité du tuteur. Il peut lui demander des éclaircissements sur sa gestion, lui adresser des observations voire des injonctions. Il délivre également certaines autorisations pour les actes les plus graves, comme nous le verrons en examinant les pouvoirs du tuteur.

C - Les pouvoirs du tuteur

En principe, la tutelle concerne aussi bien la personne que les biens. Les décisions en matière personnelle (choix de la résidence, conditions de vie et d'entretien de l'enfant, orientation scolaire, éducation religieuse, émancipation, adoption...) sont de la compétence du conseil de famille. Le rôle – juridique – du tuteur est limité à l'accomplissement des actes usuels relatifs à l'autorité parentale et à la surveillance du mineur. Quant au rôle extra-juridique, il est infiniment plus grand puisque le tuteur qui, le plus souvent, vit avec le pupille, assure l'éducation, dispense l'affection, prodigue le réconfort... Il est le substitut des parents défunts. Mais en droit, les principales attributions du tuteur sont d'ordre patrimonial. Nous verrons qu'il peut administrer seul le patrimoine du mineur (1), mais qu'il ne peut faire seul les actes de disposition (2), ce qui nous conduira à nous interroger sur les sanctions de ces règles de pouvoir (3).

1 - L'administration du patrimoine du mineur

D'après l'article 450, alinéa 2, du Code civil, le tuteur doit administrer le patrimoine du mineur « en bon père de famille », c'est-à-dire de façon prudente et diligente, comme il le ferait pour son propre enfant. Il peut accomplir seul tous les actes conservatoires, et tous les actes d'administration. Le tuteur peut, notamment, donner à bail les immeubles appartenant au mineur pour une durée inférieure ou égale à neuf ans (au-delà de neuf ans, nous l'avons dit, ce bail est assimilé à un acte de disposition car fait naître un droit au renouvellement au profit du preneur). Le tuteur peut également gérer les valeurs mobilières appartenant au mineur et accepter les donations sans charge qui lui sont adressées. Il peut même, selon l'article 456, alinéa 2, aliéner « les meubles d'usage courant et les biens ayant le caractère de fruits ». Ces actes de disposition peu graves sont assimilés à des actes d'administration. Enfin, le tuteur peut introduire les actions en justice relatives au patrimoine du mineur. De même il peut y être défendeur, il peut s'en désister, mais il ne peut acquiescer, en raison de la gravité de cet acte. Pour cela, il doit obtenir l'autorisation du conseil de famille (art. 464 C. civ.). Le tuteur peut être condamné à des dommages et intérêts en cas de mauvaise gestion, ce qui est quelque peu sévère eu égard à la gratuité des fonctions du tuteur.

2 - Les actes de disposition sur le patrimoine du mineur

Le tuteur ne peut accomplir seul les actes de disposition sur les biens appartenant au mineur (art. 457 C. civ.). La même règle s'applique aux actes d'administration graves, qui sont assimilés à des actes de disposition (v. *supra,* p. 92). Ainsi, le tuteur ne peut-il pas vendre seul les immeubles, fonds de commerce ou meubles précieux appartenant au mineur. Il ne peut pas emprunter seul au nom du mineur, ni accepter seul les libéralités avec charge adressées au mineur. Il ne peut consentir seul un bail de plus de neuf ans sur un bien appartenant au mineur. Enfin, il ne peut introduire seul une demande en partage au nom du mineur, ni transiger au nom de celui-ci. Pour tous ces actes, le tuteur doit obtenir l'autorisation du conseil de famille. À défaut, l'acte ne peut être accompli. Mais l'autorisation du juge des tutelles suffit lorsque l'acte qu'il s'agit de passer est inférieur à 15 300 € (art. 468, al. 1er, C. civ.). Il en est de même pour les ventes de valeurs mobilières urgentes et nécessaires (art. 468, al. 2, C. civ.). Mais c'est le conseil de famille qui décidera du remploi des fonds. Dans certains cas graves, l'autorisation du conseil de famille requise par l'article 457 est elle-même insuffisante et il faut accomplir, en outre, certaines formalités (art. 459 C. civ.). Ainsi la vente des immeubles ou des fonds de commerce appartenant au mineur doit elle se faire aux enchères publiques, en présence du subrogé tuteur.

3 - Sanction des règles de pouvoir

Pour protéger efficacement les intérêts du mineur, le Code prévoit trois types de sanction. La rescision pour lésion concerne les actes que le mineur a faits lui même alors qu'il n'en avait pas le pouvoir, mais que le tuteur aurait pu faire seul. Il s'agit donc des actes conservatoires et des actes d'administration. Ces actes ne sont pas nuls, ils sont seulement rescindables pour cause de lésion (art. 1305 C. civ.), c'est-à-dire que si l'acte conclu par le mineur prévoit des prestations trop déséquilibrées, il sera possible d'anéantir cet acte. En revanche, si l'acte n'est pas lésionnaire, il est inattaquable bien que les règles de pouvoir n'aient pas été observées. Ce mécanisme très original traduit l'idée que la loi permet aux tiers de traiter avec le mineur lui-même, à condition de ne pas abuser de son inexpérience.

L'annulation concerne les actes qui nécessitaient l'autorisation du conseil de famille et qui ont été accomplis sans cette autorisation par le mineur ou par le tuteur; ou les actes qui ont été passés en violation des dispositions de l'article 459. L'annulation ne suppose pas la preuve d'une lésion. Il suffit au demandeur de démontrer qu'il a un intérêt à l'annulation. En outre, les actes de disposition conclus par le mineur seul sont nuls de plein droit, c'est-à-dire que le tribunal est obligé de prononcer l'annulation, dès lors qu'il est établi que l'acte a été passé par un mineur agissant sans pouvoir.

L'action en nullité et l'action en rescision peuvent être exercées par le tuteur pendant la minorité de l'enfant, ou par le mineur à sa majorité ou après son émancipation. Cette action se prescrit par cinq ans à compter de la majorité ou de l'émancipation (art. 1304 C. civ.). L'autre contractant, par hypothèse majeur, ne peut invoquer l'incapacité du mineur (art. 1125 C. civ.). La loi l'oblige ainsi à assumer le risque qu'il a pris en contractant avec un mineur.

La dernière sanction des règles de pouvoir est l'inopposabilité. Il s'agit d'une sanction originale dans la mesure où l'acte déclaré inopposable reste valable entre les parties, mais où il ne sera plus possible de contraindre les tiers à le respecter. L'inopposabilité concerne essentiellement les baux consentis pour plus de neuf ans sans autorisation du conseil de famille (art. 1718 et 595 C. civ.). Si le tuteur consent un bail à un tiers sans autorisation du conseil de famille, ce bail est pleinement valable, mais son opposabilité au mineur est limitée. À la cessation de la tutelle, le bail n'est opposable que pour le temps qui reste à courir sur la période de neuf ans en cours, sans droit au renouvellement. Ainsi, par exemple, si un bail est conclu sur un immeuble appartenant au mineur, par le tuteur agissant seul, en janvier 1989 pour une durée de dix ans, ce bail devrait normalement prendre fin en janvier 1999. Imaginons que l'enfant devienne majeur en janvier 1995, soit après six années de location, le bail, qui n'a pas été autorisé par le conseil de famille, n'est opposable au mineur que pour les trois ans qui restent à courir sur la période de neuf ans en cours. Il prendra donc fin en janvier 1998 et non en janvier 1999 comme il était initialement prévu au contrat. Pour que le bail d'une durée supérieure à neuf ans soit opposable en totalité au mineur, il faut que sa conclusion soit autorisée par le conseil de famille.

III - La condition juridique du mineur

Les pouvoirs du mineur sont très différents selon qu'il s'agit d'un mineur non émancipé (A) ou d'un mineur émancipé (B).

A - La situation du mineur non émancipé

Le mineur non émancipé est soumis, en principe, à une incapacité générale d'exercice. Il doit donc être représenté pour tous les actes de la vie civile, soit par l'administrateur légal, soit par le tuteur. Mais la situation varie selon que le mineur est ou non conscient de la portée de ses actes.

Le mineur inconscient de la portée de ses actes – il s'agit essentiellement du jeune enfant qui n'a pas la lucidité suffisante pour imaginer les suites de ses comportements – ne peut s'engager valablement par contrat. Ce sont ses parents ou son tuteur qui agissent en son nom et qui peuvent, le cas échéant, agir en nullité pour défaut de pouvoir des actes passés par le jeune enfant seul. En ce qui concerne les délits, la jurisprudence décide de manière téléologique que le jeune enfant qui, par son fait personnel, cause un préjudice à autrui peut être déclaré personnellement responsable, car les juges du fond ne sont plus tenus de vérifier son discernement. En pratique le jeune enfant est généralement insolvable, et la victime devra agir contre les parents, que la loi rend responsables du fait de leurs enfants mineurs (art. 1384, al. 4, C. civ.). Leur responsabilité se trouve d'ailleurs engagée dès lors que l'enfant a commis un acte qui est la cause directe du dommage (ass. plén., 9 mai 1984, aff. *Fullenwarth, D.* 1984, p. 525, concl. Cabannes, note Chabas; *JCP* 1984, II, 20255, note Dejean de la Bâtie; *RTD civ.* 1984, p. 508, obs. J. Huet. Le mouvement a été amplifié par l'arrêt *Bertrand* par lequel la Cour de cassation a cru devoir affirmer que seule la force majeure ou la faute de la victime peuvent exonérer les parents de leur responsabilité de plein droit du fait des dommages causés par leur enfant: Civ. 2e, 19 févr. 1997, *Bull.* II, n° 56; *D.* 1997, 265, note Jourdain; *D.* 1997, somm. p. 290, note D. Mazeaud; *JCP* 1997, II, concl. Kessous, note Viney; *Dr. fam.* 1997, n° 83, note Murat, 1re esp.).

S'agissant du mineur conscient de la portée de ses actes se pose, tout d'abord, une question préalable: à partir de quand on peut considérer qu'un mineur est conscient de la portée de ses actes ? Dans le silence des textes, c'est au juge de dire, au cas par cas, en fonction de la maturité de l'enfant, s'il est ou non doté d'un discernement suffisant pour assumer les conséquences juridiques de ses comportements. En ce qui concerne les faits juridiques, on admet généralement que l'adolescent est civilement responsable de ses actes, dont il doit en principe répondre sur ses biens personnels, s'il en a. À défaut, la victime conserve la possibilité d'agir contre les parents du mineur, sur le fondement de l'article 1384, alinés 4, du Code civil. Au plan pénal, l'enfant est personnellement responsable de ses actes dès treize ans, mais il n'encourt que des mesures d'éducation; il est impossible de lui appliquer une peine. En ce qui concerne les actes juridiques, le principe général d'incapacité souffre, pour les adolescents, d'importantes exceptions. Plus le mineur avance en âge, plus on lui reconnaît des pouvoirs importants. En dehors de quelques illustrations ponctuelles (en matière de mariage, d'adoption, de changement de nom, notamment), l'adolescent dispose aujourd'hui d'une incontestable autonomie patrimoniale. Celle-ci se fonde, en majeure partie, sur la théorie classique des actes de la vie courante (1). Mais elle résulte aussi, pour l'autre part, de l'activité bancaire du mineur, qui connaît aujourd'hui un développement considérable, voire préoccupant (2).

1 - La théorie des actes de la vie courante

Les articles 389-3 et 450 du Code civil donnent au mineur la possibilité d'agir seul dans les domaines où « *la loi ou l'usage autorise les mineurs à agir eux-mêmes* ». C'est ce que l'on appelle les actes de la vie courante. La notion d'acte de la vie courante n'est pas définie par la loi (v. Montanier, « Les actes de la vie courante en matière d'incapacités », *JCP* 1982, I, 3076). Elle est appréciée souverainement par les juges. Il s'agit essentiellement d'actes d'un montant modique, que le mineur peut être appelé à accomplir fréquemment, et qui n'ont pas une incidence importante sur le patrimoine. On cite généralement l'achat de denrées alimentaires, de fournitures scolaires, de biens de consommation courante, ou encore l'achat de livres par correspondance (TI Nîmes, 29 juin 1982, *D.* 1983, p. 13, note Pansier). Avant la loi du 5 juillet 1974 qui a abaissé l'âge de la majorité civile à dix-huit ans, il a été jugé que la location d'une voiture par un mineur titulaire du permis de conduire est un acte de la vie courante (Civ. 1re, 4 nov. 1970, *D.* 1971, 186; *JCP* 1971, 16631). Jugé, au contraire, que l'achat d'une voiture d'occasion par un mineur n'est pas un acte de la vie courante; le consentement des parents est donc nécessaire (Civ. 1re, 9 mai 1972, *Gaz. Pal.* 1972, 2, 871). La Cour de cassation semble admettre que l'emprunt d'une somme modique constitue un acte de la vie courante (Civ. 1re, 21 juin 1977, *Bull.* I, n° 285).

Quoi qu'il en soit, la théorie des actes de la vie courante présente un grand intérêt pratique puisqu'elle contribue à assouplir le principe d'incapacité en permettant à l'adolescent de faire, peu à peu, l'apprentissage de la capacité sans risque puisque, si l'affaire tourne à son désavantage, il bénéficiera des actions en rescision ou en nullité que nous avons déjà présentées (v. *supra,* p. 112). C'est une théorie de sagesse et de prudence. Autant de vertus qui, il faut l'avouer, sont beaucoup moins présentes lorsque l'on envisage l'activité bancaire du mineur.

2 - L'activité bancaire du mineur

La banque longtemps a semblé être le domaine réservé des adultes. La question de l'activité bancaire du mineur ne méritait effectivement pas d'être posée en 1804 car les mineurs n'avaient le plus souvent, à cette époque, aucun patrimoine. Mais les choses ont changé. L'enfant dispose de multiples moyens de recevoir de l'argent. À côté de l'argent de poche – que certains évaluent à une masse d'environ dix milliards de francs – on trouve l'argent des successions, celui des libéralités, l'argent du travail de l'enfant (contrat d'apprentissage, enfants du spectacle, enfants mannequins notamment dans le cadre de la réalisation de messages publicitaires), et l'argent de l'accident, c'est-à-dire celui qui indemnise le préjudice dont a été victime l'enfant. Il en résulte que l'enfant peut, plus souvent qu'autrefois, se trouver placé à la tête d'un patrimoine. Apparaît alors une nécessité de gestion – un patrimoine qui reste figé est souvent un patrimoine qui dépérit – voire une impatience de gestion : le petit enfant n'a pas de préoccupations patrimoniales, il ne connaît pas la valeur de l'argent. Il n'en va pas de même de l'adolescent dont les revendications d'autonomie remettent en cause l'existence, dans notre droit, d'une incapacité indifférenciée. Les banques l'ont bien compris, qui proposent aux mineurs non seulement des livrets d'épargne, mais aussi des comptes courants, souvent assortis de cartes de crédit à débit différé, identiques à celles que peuvent posséder les majeurs. Comment concilier ces pratiques avec le principe d'incapacité des mineurs ?

S'agissant de l'ouverture du compte, la doctrine considère qu'il s'agit d'un acte d'administration. En conséquence, dans l'administration légale pure et simple, chaque époux a le pouvoir d'ouvrir un compte au nom du mineur, alors que dans l'administration légale sous contrôle judiciaire, l'administrateur peut agir seul, sans autorisation du juge des tutelles. Il en résulte que le mineur ne peut se faire ouvrir un compte seul (Versailles, 26 oct. 1990, *D.* 1993, somm., 125, obs. Lucet). Mais cette solution, tirée du droit commun, est écartée en matière de livrets d'épargne. En effet, l'article 13 du Code des Caisses d'Épargne dispose que « les mineurs sont admis à se faire ouvrir un livret sans l'intervention de leur représentant légal, ils peuvent retirer sans cette intervention, mais seulement après l'âge de 16 ans révolus, sauf opposition de leur représentant légal ». Et il existe des dispositions identiques pour les livrets d'épargne populaire (L. 28 mai 1982, art. 7) et pour les livrets jeunes (L. 12 avr. 1996). Ces dérogations se fondent sur l'idée que le livret de caisse d'épargne est une institution de prévoyance, et qu'il est sans danger. Il n'en reste pas moins vrai que l'on est en présence d'une dérogation très nette au principe de l'incapacité du mineur.

S'agissant du fonctionnement du compte, les établissements bancaires font preuve d'un très grand libéralisme puisqu'ils admettent que les mineurs peuvent effectuer des dépôts non seulement pour les comptes qu'ils peuvent ouvrir seuls (livrets de caisse d'épargne et assimilés), mais aussi pour les comptes qui ne pouvaient être ouverts qu'avec le consentement du représentant légal. Quant aux retraits, le libéralisme tourne au laxisme puisque la plupart des contrats offerts aux mineurs les autorisent à effectuer seuls des retraits dans la limite du solde disponible (alors, soit dit en passant, qu'il n'est pas certain qu'ils soient propriétaires des sommes déposées sur le compte: v. Paris, 11 janv. 1991, *D.* 1992, somm., p. 68, obs. Lucet; Civ. 1re, 19 nov. 1996, *Droit de la famille,* janv. 1997, n° 17, p. 21, obs. Beignier). Et le laxisme confine à la déraison lorsque les banques admettent de délivrer aux mineurs des chéquiers ou des cartes de crédit dès seize ans – voire dès treize ans pour certains établissements – ce qui nous promet de beaux procès en responsabilité (de l'enfant ? de ses représentants légaux ?) dans un proche avenir. Sur le plan juridique, ces débordements ne paraissent pas pouvoir être rattachés à la catégorie des actes de la vie courante et il est assez périlleux de les rattacher à la théorie du mandat ou à une prétendue prémajorité dont on nous annonce l'avènement depuis bientôt près de quinze ans (F. Gisser, « Réflexions sur une institution en cours de formation: la prémajorité », *JCP* 1984, I, 3142). Reste que le vieux principe d'incapacité d'exercice semble, finalement, être le meilleur protecteur de l'enfant détourné par les banques (Civ. 1re, 12 nov. 1998, *JCP* 1999, 10053, et nos obs.).

B - La situation du mineur émancipé

L'émancipation est un acte juridique qui donne au mineur, dès avant la majorité, la pleine capacité. Le mineur émancipé a donc quasiment les mêmes pouvoirs qu'un majeur. L'émancipation peut résulter du mariage (art. 476 C. civ.) ou d'une décision de justice, lorsque l'enfant a atteint l'âge de seize ans révolus et qu'il existe de justes motifs: ne pas laisser échapper un emploi, exercer une action en justice (tel fut le cas d'Aurore Drossart dans sa tentative d'établir la paternité d'Yves Montand: Paris, 6 nov. 1997, *Gaz. Pal.* 12 et 13 déc. 1997, p. 14, et nos obs.).

L'émancipation fait accéder le mineur à la pleine capacité juridique. L'autorité parentale disparaît, aussi bien sur la personne que sur les biens. Le mineur administre librement son patrimoine. Il peut valablement accomplir tous les actes qu'un majeur pourrait faire, qu'il s'agisse des actes conservatoires, des actes d'administration ou des actes de disposition. La présomption de l'article 1384, alinéa 4, du Code civil disparaît de sorte que les parents ne sont plus civilement responsables du fait de leur enfant. Le principe de capacité du mineur émancipé connaît toutefois certaines limites. Ce mineur ne peut se marier ni se donner en adoption sans le consentement de ses parents (art. 481 al. 2, C. civ.). Il ne peut exercer une activité commerciale (art. 487 C. civ.).

Lire aussi

Sur l'histoire

- Lefebvre-Teillard A., *Introduction historique au droit des personnes et de la famille*, PUF, coll. « Droit fondamental », 1996, n°s 321 et s.

Sur le droit des incapacités en général

- Gridel J.-P., « L'âge et la capacité civile », *D.* 1998, chron., p. 89
- Plazy J.-M., *La personne de l'incapable,* thèse, Bordeaux, 1998

Sur les droits de l'enfant

- Carbonnier J., *Question d'âge, in Droit et passion du droit sous la Ve République*, Flammarion, 1996, p. 233 et s.
- Simler P., « La notion de garde de l'enfant », *RTD civ.* 1972, p. 685
- Laroche-Gisserot F., *Les droits de l'enfant*, Dalloz, coll. « Connaissance du droit », 2e éd., 2002
- Dekeuwer-Défossez F., *Les droits de l'enfant*, PUF, coll. « Que sais-je ? », n° 852, 3e éd., 1996
- Neirinck C. et Martin P.-M., « Un traité bien maltraité », *JCP* 1993, I, 3677
- Rondeau M.-C, « La Convention des Nations unies sur les droits de l'enfant: un traité mis hors jeu », *D.* 1993, chron., p. 203
- Lemouland J.-J., « L'assistance du mineur, une voie possible entre l'autonomie et la représentation », *RTD civ.* 1997, p. 1

Chapitre II
Les majeurs protégés par la loi

Le Code civil protège les majeurs dont les facultés mentales sont plus ou moins gravement altérées, en raison d'une maladie ou simplement de l'affaiblissement dû à l'âge. L'évolution démographique de notre pays produit cette conséquence que la part des personnes très âgées – on parle parfois du quatrième âge – dans la population générale s'accroît. Il en résulte une grande diversité des situations d'incapacité des majeurs. On ne peut traiter de la même manière celui qu'on appelait autrefois le fou écumant et la centenaire distinguée dont la lucidité décline lentement. Sur le plan des fortunes règne également une grande disparité. Le recours à la tutelle n'est plus le signe qu'il existe un patrimoine important à administrer. Près de la moitié des personnes protégées a un patrimoine inférieur à 8 000 €. Pour tenir compte de cette diversité, la loi du 3 janvier 1968, portant réforme du droit des incapables majeurs, a prévu des régimes de protection différenciés. Pour autant, ces régimes ne s'appliquent que si leur mise en œuvre est demandée au juge. À défaut, la personne dont les facultés mentales sont altérées demeure considérée comme pleinement capable. Ce sont ces deux situations, très tranchées, qu'il convient d'examiner en deux sections.

Section 1
La situation du malade mental en l'absence de toute mesure de protection

L'hypothèse qui nous intéresse ici est celle d'une personne dont les facultés mentales sont altérées, mais pour laquelle aucune mesure de protection n'a été organisée. En droit, cette personne est considérée comme pleinement capable (art. 488 C. civ.). Quel est le sort des actes juridiques conclus par ce malade mental (I) ? Quelle responsabilité peut-il encourir s'il cause un préjudice à autrui, sous l'empire d'un trouble mental (II) ? Telles sont les deux questions qu'il convient d'aborder ici.

I - Le sort des actes juridiques conclus par un malade mental

L'acte accompli par un malade mental non soumis à un régime de protection est, en principe, pleinement valable (art. 488 C. civ.). Mais il est possible d'agir en nullité si l'on parvient à démontrer que l'auteur de l'acte était privé de sa lucidité au moment de l'acte (art. 489 C. civ.). Au demeurant, cette action en nullité pour insanité d'esprit est soumise à un régime restrictif.

Elle n'est possible que du vivant de l'auteur de l'acte litigieux. En effet, l'aliénation serait difficile à prouver après le décès de l'intéressé. De plus, on craint que les héritiers ne cherchent à faire annuler les actes qui les désavantageraient car ils appauvriraient la succession. Mais, ce principe connaît d'importantes exceptions, introduites par l'article 489-1 du Code civil. Ainsi, peuvent faire l'objet d'une action en nullité après le décès de leur auteur les donations, les testaments, et les actes qui portent en eux-mêmes la preuve de l'aliénation mentale. La loi retient ici le système de la preuve intrinsèque, car il serait très difficile de rapporter cette preuve par d'autres moyens, puisque l'auteur des actes est décédé. À ces trois catégories d'actes, la loi ajoute les actes passés à une époque où le majeur était placé sous sauvegarde de justice, ainsi que ceux accomplis par le majeur, lorsqu'une action aux fins d'ouverture d'une tutelle ou d'une curatelle avait été introduite avant le décès. Ces deux dernières exceptions s'expliquent par l'idée que l'existence d'une sauvegarde de justice ou le projet d'organisation d'un autre régime de protection font présumer l'altération des facultés mentales. L'action en annulation est donc recevable, mais cela ne signifie pas qu'elle soit bien fondée. En effet, une autre condition doit être remplie: la preuve de l'insanité d'esprit.

Pour obtenir l'annulation, il faut, en principe, prouver l'existence du trouble mental lors de l'acte, c'est-à-dire à l'instant même où le consentement a été donné. En effet, il se peut que le consentement ait été donné au cours d'un intervalle lucide; dans ce cas l'acte sera pleinement valable. L'altération des facultés mentales de la personne ne peut être présumée, puisque faute de régime de protection, le majeur est présumé être capable. Il est donc nécessaire d'établir l'absence de lucidité au moment même où l'acte a été accompli. Une telle preuve est particulièrement difficile à rapporter – surtout lorsque l'action a été introduite après le décès. C'est pourquoi la jurisprudence admet que l'altération des facultés mentales lors de l'acte peut être présumée lorsque l'on a démontré l'existence d'un état habituel de démence avant et après l'acte litigieux. C'est alors à celui qui prétend que l'acte est valable de prouver que le majeur a agi dans un intervalle lucide (Paris, 10 janv. 1969, *D.* 1969, p. 331; Civ. 1re, 27 janv. 1987, *JCP* 1988, 20981, note Fossier, *Gaz. Pal.* 1987, p. 428, note Massip).

La nature de la nullité pour trouble mental est une question qui emporte d'importantes conséquences. En théorie, l'aliénation grave des facultés mentales devrait s'analyser comme une absence de consentement, source de nullité absolue. Il faudrait donc admettre que tout intéressé peut agir en nullité de l'acte, pendant un délai de prescription de trente ans, et sans possibilité de confirmation. Cependant, la loi du 3 janvier 1968 (art. 489, al. 2, C. civ.) dispose qu'en matière de trouble mental, la nullité n'est que relative. L'action n'est donc ouverte qu'aux personnes que la nullité protège – c'est-à-dire l'aliéné lui-même, s'il retrouve ensuite sa lucidité, le curateur ou le tuteur. Elle se prescrit par cinq ans à compter de l'acte lui-même et la nullité peut être confirmée (v. O. Simon, « La nullité des actes juridiques pour trouble mental », *RTD civ.* 1974, p. 707 et s.).

II - La responsabilité des personnes agissant sous l'empire d'un trouble mental

En droit pénal, la personne qui était atteinte, au moment des faits, d'un trouble mental ayant aboli son discernement n'est plus responsable (art. 122-1, al. 1, C. pén.). L'aliénation totale est une cause de non imputabilité. Mais le nouveau code pénal a introduit l'hypothèse de l'aliénation partielle. Dans ce cas, l'auteur de l'infraction reste pénalement responsable, mais il peut bénéficier de circonstances atténuantes (art. 122-1, al. 2, C. pén.).

En droit civil, avant la réforme de 1968, le dément n'était pas responsable civilement de ses actes. En conséquence, il ne pouvait être condamné à réparer le préjudice qu'il avait causé aux victimes. Ce système présentait le grave inconvénient de dénier toute indemnisation aux personnes qui avaient eu la malchance d'être victimes d'un malade mental. Aussi, dans le but de mieux protéger ces victimes, la loi du 3 janvier 1968 a-t-elle posé en principe que « celui qui a causé un dommage à autrui sous l'empire d'un trouble mental n'en est pas moins obligé à réparation » (art. 489-2 C. civ.). La victime peut aussi agir en responsabilité contre la personne qui avait la charge du malade mental (ass. plén., 29 mars 1991, aff. *Blieck, D.* 1991, p. 324, note Larroumet, *JCP* 1991, II, 21673, concl. Dontewille, note Ghestin; *RTD civ.* 1991, p. 541, note Jourdain).

Section 2
La situation du malade mental soumis à un régime de protection

Le principe de capacité posé par l'article 488 du Code civil connaît deux séries d'exception. La première concerne les majeurs dont les facultés mentales sont altérées (art. 488, al. 2, C. civ.). La seconde vise les personnes prodigues, oisives ou intempérantes (art. 488, al. 3, C. civ.). Les régimes de protection s'adressent donc à des individus très divers – du simple d'esprit au malade mental gravement aliéné, du malade mental jeune à la personne âgée qui a été lucide toute sa vie, mais dont les facultés déclinent progressivement –, et ils concernent des situations très variées qui peuvent aller du trouble mental passager à la situation durable d'aliénation ou du trouble mental léger à l'aliénation totale. La protection légale des incapables majeurs doit donc être souple et personnalisée, ce qui n'est pas sans évoquer le *flexible droit* cher au doyen Carbonnier. C'est pourquoi le législateur de 1968 a introduit dans le système légal trois facteurs de souplesse.

D'une part, il a organisé de régimes progressifs. Il existe des degrés dans la protection, depuis la sauvegarde de justice pour les troubles passagers, jusqu'à la tutelle pour les aliénations graves, en passant par la curatelle qui constitue un régime de protection intermédiaire.

D'autre part, il a prévu la possibilité de changer de régime. En effet, la situation du majeur est souvent évolutive. Elle peut s'améliorer comme se dégrader. C'est pourquoi la loi permet au juge de clore un régime de protection devenu inutile et de le remplacer par un autre, mieux approprié. Le juge peut même clore le régime de protection et ne pas en ouvrir d'autre, dans l'hypothèse où le majeur a retrouvé l'intégralité de ses facultés.

Enfin, la loi de 1968 favorise l'ajustement du régime à la lucidité exacte de la personne à protéger. Ainsi, lorsqu'il organise un régime de protection le juge peut-il énumérer certains actes que le majeur conservera la possibilité de faire seul (art. 501 C. civ. pour tutelle, et 511 C. civ. pour la curatelle). Il s'agit de restituer au majeur une capacité partielle adaptée à sa lucidité.

La diversité de régimes de protection conduit à les étudier séparément (II). Mais il faut, au préalable, présenter les règles qui sont communes à tous les régimes de protection (I).

I - Les règles communes à tous les régimes de protection

Ces règles communes sont inspirées par une idée fondamentale: celle du respect de la liberté et de la personnalité de l'incapable. Contrairement à ce que l'on pourrait croire, l'incapacité n'est pas une diminution de la personnalité. Elle consiste seulement dans une réduction de l'autonomie individuelle de la personne. Reste que l'absence d'exercice personnel des droits risque de déshumaniser leur titulaire. En effet, l'incapacité fait incontestablement ombrage à la personne (l'expression est empruntée à M. Plazy, *La personne de l'incapable*, thèse, Bordeaux, 1998). Pour autant, elle n'altère en rien la dignité de l'être humain. C'est pourquoi notre droit impose la constatation médicale de l'altération des facultés (A), l'indépendance du traitement médical et de la protection civile (B) et la protection du logement et des meubles de l'incapable (C).

A - La constatation médicale de l'altération des facultés mentales

L'altération des facultés mentales doit être médicalement constatée. L'avis d'un médecin spécialiste choisi en tant qu'expert est requis non seulement pour l'ouverture d'un régime de protection, mais aussi pour les modifications éventuelles de ce régime. Le droit des majeurs protégés tient largement compte des données médicales. De nombreux textes ont même une finalité thérapeutique (art. 501 et 511 C. civ. préc.).

B - L'indépendance du traitement médical et de la protection civile

Le traitement médical ne doit ni conditionner le régime de protection applicable, ni être conditionné par lui (art. 490-1 C. civ.). Ainsi, la mise sous tutelle n'entraîne-t-elle aucune obligation d'interner l'individu. Réciproquement, l'hospitalisation d'une personne dans un établissement psychiatrique n'entraîne pas l'ouverture d'une tutelle. Ce cloisonnement des procédures constitue une garantie importante pour la liberté individuelle et pour l'individualisation des mesures de protection. Elle n'est pas dépourvue, non plus, de visées thérapeutiques.

C - La protection du logement et des meubles de l'incapable

Quel que soit le régime de protection, et donc la gravité de l'aliénation, le logement de la personne protégée, les meubles meublants et les objets personnels du majeur doivent « être conservés à sa disposition aussi longtemps qu'il est possible » (art. 490-2 C. civ.). Ce texte a une double justification. D'une part, en l'absence d'hospitalisation, changer le cadre de vie du malade risquerait de constituer pour lui un traumatisme psychologique grave. D'autre part, en cas d'hospitalisation, la vente du logement du malade risquerait d'entraver sa sortie de l'établissement de soins, et de sonner définitivement le glas de son autonomie. L'article 490-2 est donc, lui aussi, un de ces textes à finalité à la fois thérapeutique et humaniste.

En conséquence, les actes de disposition sur le logement et sur les meubles du majeur sont soumis à l'autorisation du juge des tutelles et à l'avis du médecin traitant. Au titre de l'administration, il n'est possible au représentant légal du majeur de conclure que des conventions d'occupation précaire, qui doivent prendre fin au retour de l'incapable chez lui. Cette disposition est d'ordre public, de sorte que les clauses contraires sont nulles. Enfin, lorsqu'il est nécessaire de vendre le logement et les meubles – l'acte nécessite l'autorisation du juge des tutelles et l'avis du médecin traitant – les souvenirs et objets personnels du majeur ne peuvent jamais être aliénés. Même si la vente du logement et des meubles meublants s'est avérée nécessaire, il faut que le majeur protégé puisse conserver auprès de lui ses objets familiers.

II - Les règles spécifiques à chaque régime

Les trois régimes organisés par la loi de 1968 sont la sauvegarde de justice (A), la tutelle (B) et la curatelle.

A - La sauvegarde de justice

La sauvegarde de justice est un régime de capacité. Le majeur sous sauvegarde n'est pas dessaisi de ses droits, il reste capable et peut valablement contracter, mais afin de le protéger contre lui-même, notre droit aménage certaines règles spécifiques.

D'après l'article 491 du Code civil, ce régime concerne les personnes qui ont besoin d'être protégées dans les actes de leur vie civile. Il s'agit principalement de personnes souffrant de troubles légers, ou de malades mentaux guéris en cours de réinsertion. La sauvegarde de justice peut aussi être utilisée pour faire face à l'urgence en attendant l'organisation, plus longue, d'une mesure de curatelle ou de tutelle. Nous présenterons rapidement la procédure de mise sous sauvegarde de justice (1) les effets de cette mesure (2) et la manière dont elle prend fin (3).

1 - La procédure de mise sous sauvegarde de justice

a. L'initiative médicale

Si le majeur est soigné dans un établissement de soins, celui-ci adresse au parquet une déclaration qui contient l'exposé de l'état du malade, et des raisons qui nécessitent la mise sous sauvegarde de justice. Si le majeur est soigné à domicile par son médecin traitant, l'avis de ce médecin doit être confirmé par l'avis d'un médecin spécialiste. En effet, le médecin traitant n'est souvent qu'un généraliste. En outre, on craint une collusion avec la famille.

Le parquet prend acte de la déclaration en l'inscrivant sur un registre spécial. Le procureur peut refuser l'inscription au registre s'il estime que la mise sous sauvegarde de justice n'est pas nécessaire.

b. L'initiative judiciaire

Dans le cadre d'une procédure de mise sous tutelle ou sous curatelle, le juge des tutelles peut décider, pour la durée de l'instance, de placer le majeur sous sauvegarde de justice (pour un exemple d'application, v. Civ. 1re, 30 nov. 1983, *Bull.* I, n° 285). Dans ce cas, le procureur de la république ne peut s'opposer à l'enregistrement de la sauvegarde de justice car il s'agit d'un acte juridictionnel, d'ailleurs insusceptible de recours (art. 1239 NCPC).

2 - Les effets de la sauvegarde de justice

a. L'administration du patrimoine du majeur sous sauvegarde de justice

Lorsque le majeur a laissé un mandataire, ce mandat reçoit exécution, sauf si le juge des tutelles estime qu'il préserve mal les intérêts du majeur. Dans ce cas, il a le pouvoir de le révoquer. En cas de révocation, ou en l'absence de mandat, le juge des tutelles peut nommer un mandataire spécialement chargé d'administrer le patrimoine du majeur. Mais il ne s'agit pas d'une obligation, car la loi impose aux personnes qui ont qualité pour demander l'ouverture d'une tutelle – il s'agit du majeur, de son conjoint, de ses ascendants, descendants, frères et sœurs, et du curateur si l'intéressé est déjà en curatelle – d'accomplir tous les actes conservatoires sur le patrimoine du majeur sous sauvegarde de justice. De plus, si une personne a pris l'initiative d'agir pour le compte du majeur, on applique les règles de la gestion d'affaires. Il en résulte que le majeur doit indemniser le gérant de toutes les dépenses utiles ou nécessaires faites sur son patrimoine (art. 1375 C. civ.).

b. Le sort des actes juridiques accomplis par le majeur sous sauvegarde de justice

En principe, les actes accomplis par le majeur sous sauvegarde de justice sont valables car ce majeur n'a besoin ni d'être assisté, ni d'être représenté. La sauvegarde est, on l'a déjà dit, un régime de capacité. Cependant, pour tenir compte du risque de trouble passager des facultés, la loi donne au majeur deux actions.

L'action en rescision pour lésion permet au majeur qui a conclu un contrat désavantageux d'obtenir la rescision de celui-ci. À la différence du droit commun, la lésion peut être invoquée quelle que soit la nature de l'acte. Il n'y a pas, non plus, de taux minimum exigé. La jurisprudence exige tout de même une lésion d'une certaine importance. Celle-ci est appréciée non pas de manière exclusivement comptable, mais en tenant compte de la fortune de la personne protégée, de la mauvaise foi du cocontractant, et de l'utilité de l'opération pour l'incapable. La rescision ayant un effet rétroactif, les prestations déjà fournies devront être restituées.

L'action en réduction pour excès permet, quant à elle, de remettre en cause un acte déraisonnable, un acte exagéré, quand bien même il ne serait pas lésionnaire. Par exemple, le majeur sous sauvegarde de justice a acheté une voiture de sport alors qu'il ne sait pas conduire. Il y a excès parce que l'acte accompli par le majeur est inutile. Il y a également excès lorsque cet acte n'est pas en proportion avec ses possibilités financières. Si l'action aboutit, l'acte n'est pas annulé. Il est simplement réduit, c'est-à-dire qu'il y a lieu à des restitutions partielles: les prestations excessives sont réduites, pour ramener l'acte à de plus équitables proportions.

Plusieurs remarques doivent être faites, qui sont communes aux deux actions. D'une part, l'action en rescision ou en réduction peut être engagée du vivant du majeur. L'initiative appartient alors à toutes les personnes qui ont qualité pour demander l'ouverture d'une tutelle. L'action peut également être engagée au décès du majeur protégé, par les héritiers de celui-ci. Quelle que soit l'hypothèse, ces actions se prescrivent par cinq ans (art. 1304, al. 3, C. civ.). D'autre part, le tribunal dispose d'un large pouvoir d'appréciation en fonction, notamment, de la fortune de la personne protégée, de la bonne ou mauvaise foi de ceux qui ont traité avec elle et de l'utilité – ou de l'inutilité – de l'opération (art. 491-2, al. 3, C. civ.). Enfin, la rescision pour lésion et la réduction pour excès ne peuvent s'appliquer à des actes antérieurs à la mise sous sauvegarde de justice (Civ. 1re,

17 juill. 1979, *Bull.* I, n° 215, p. 172). De ce point de vue, la mise sous tutelle est plus intéressante car elle permet l'anéantissement des actes passés antérieurement (v. *infra,* p. 134).

3 - La fin de la sauvegarde de justice

La sauvegarde de justice prend fin soit par l'ouverture d'une curatelle ou d'une tutelle, ce qui est le signe d'une aggravation de l'état du majeur, soit par la suppression pure et simple de la mesure de sauvegarde. Dans ce cas, un avis médical est exigé, qui atteste que l'état du majeur s'est amélioré et que la mesure de protection est devenue inutile.

B - La tutelle

D'après l'article 492 du Code civil, la tutelle concerne le majeur qui a « besoin d'être représenté de façon continue dans tous les actes de la vie civile ». La tutelle est un régime de représentation, c'est-à-dire que le majeur en tutelle n'agit plus lui même. Il est privé de l'exercice de ses droits. C'est son représentant, le tuteur, qui agit à sa place. Cette représentation, partiellement déshumanisante, est nécessitée par l'altération très grave des facultés mentales qui interdit au majeur d'accomplir seul des actes juridiques. Pour autant, il n'est pas nécessaire que l'aliénation soit totale ni que toute lucidité ait disparu. La tutelle s'impose dès lors que le majeur ne peut plus agir seul pour la préservation de ses intérêts, et qu'il a besoin d'être représenté. Nous envisagerons successivement la procédure de mise sous tutelle (1), le fonctionnement (2) et la fin (3) de la tutelle.

1 - La procédure de mise sous tutelle

La tutelle peut être ouverte pour toute personne majeure. La demande est formée par l'une des personnes mentionnées à l'article 493 du Code civil. Il s'agit du majeur lui-même, de son conjoint (à moins que la communauté de vie n'ait cessé entre eux), des ses ascendants, descendants, frères et sœurs. Il peut s'agir aussi du curateur, dans l'hypothèse où l'on passerait d'une curatelle à une tutelle, ou du ministère public, qui est chargé d'une mission générale de protection des incapables. La tutelle peut aussi être ouverte d'office par le juge. La requête est accompagnée d'un certificat médical établi par un médecin spécialiste dont le nom figure sur une liste établie par le procureur de la République. Cette condition est essentielle dans l'optique, chère au droit français, de protection de la liberté individuelle. Et le juge ne peut pas ouvrir une tutelle si le médecin n'a relevé l'existence d'aucun trouble mental (Civ. 1re, 15 juin 1994, *D.* 1995, p. 37, note Massip). L'avis du médecin traitant est, en outre, requis.

La procédure se déroule en chambre du conseil. Le juge des tutelles entend le majeur lui-même, sauf si cette audition risque d'avoir des conséquences nuisibles pour la santé de celui-ci. Le juge peut ordonner des mesures provisoires, notamment le placement sous sauvegarde de justice ou sous curatelle pendant la durée de l'instance. Le dossier est communiqué au ministère public pour avis. La décision du juge des tutelles est susceptible de recours devant le tribunal de grande instance. La décision de mise en tutelle est publiée au répertoire civil, et est mentionnée en marge de l'acte de naissance de l'intéressé. Le but de ces formalités est l'information des tiers.

2 - Le fonctionnement de la tutelle

On applique, en principe, les mêmes règles que celles qui régissent la tutelle des mineurs (v. *supra,* p. 107). Pour autant, il existe certaines spécificités, car l'infirmité de l'esprit n'a finalement qu'un rapport assez lointain avec l'immaturité.

a. La désignation du tuteur

D'après l'article 496, alinéa 1er, du Code civil, l'époux est automatiquement tuteur de son conjoint. On retrouve ici l'idée, déjà rencontrée pour le mineur, que c'est au sein de la famille que doit être pris en charge celui qui a besoin de protection. En outre, l'immixtion d'un tuteur étranger dans les affaires d'un époux aboutirait indirectement à l'intrusion de ce tuteur dans la vie du ménage. Cette règle connaît toutefois deux exceptions: lorsque la communauté de vie a cessé entre les époux – on peut ici avoir des doutes sur les intentions et la solidarité des conjoints –, ou lorsque le juge des tutelles en décide autrement (v. Civ. 1re, 29 févr. 1984, *D.* 1984, p. 423, note J. Massip).

Tous les autres tuteurs sont datifs. Cela signifie qu'à défaut de conjoint, ou si le juge décide de ne pas lui confier la tutelle, le tuteur doit être choisi par le conseil de famille. Il n'existe pas, pour les majeurs, de tutelle légale des ascendants, ce qui est aisément compréhensible.

La tutelle des majeurs peut aussi être dévolue à une personne morale. L'intérêt est loin d'être négligeable, qui permet aux parents d'un aliéné d'être sûrs qu'après leur mort, un établissement continuera à s'occuper de leur enfant majeur. À défaut de famille, la tutelle du majeur est déférée à l'État.

b. La gestion des biens du majeur en tutelle

Le tuteur représente le majeur dans tous les actes de la vie civile. On applique ici les règles de la tutelle des mineurs (v. *supra,* p. 107), c'est-à-dire que le tuteur doit obtenir l'autorisation du conseil de famille pour les actes de disposition. En revanche, il peut faire seul les actes conservatoires et les actes d'administration.

Pour autant, le juge des tutelles n'est pas obligé d'ouvrir une tutelle complète, c'est-à-dire une tutelle comprenant un tuteur, un subrogé tuteur et un conseil de famille. Il peut, dans certains cas, organiser un système plus souple. Ainsi, d'après l'article 497 du Code civil, si le tuteur est un proche du majeur (conjoint, ascendant, descendant) le juge des tutelles peut décider de remplacer la tutelle par l'administration légale sous contrôle judiciaire (v. *supra,* p. 106). L'administrateur peut alors accomplir seul les actes conservatoires et les actes d'administration, mais il doit obtenir l'autorisation du juge des tutelles pour les actes de disposition. De même, d'après l'article 498 du Code civil, si le conjoint du majeur est apte à gérer les biens de celuici, et si les règles du régime matrimonial (art. 217, 219 C. civ., notamment) suffisent à protéger efficacement les intérêts du majeur, il n'y a pas lieu d'ouvrir une tutelle. Enfin, d'après les articles 499 et 500 du Code civil, si le patrimoine du majeur contient peu de biens, le juge des tutelles peut désigner simplement un gérant de tutelle. Ce gérant perçoit les revenus du majeur, il les affecte à l'entretien de celui-ci, au paiement de ses dettes, et verse l'excédent éventuel sur un compte de dépôt.

c. La condition juridique du majeur en tutelle

Le majeur en tutelle est frappé d'une incapacité totale. N'ayant plus la lucidité suffisante, il ne peut, en principe, accomplir aucun acte juridique. Il en résulte que les actes qu'il a faits postérieurement à l'ouverture de la tutelle peuvent être annulés. Il est même possible de remettre en cause les actes qu'il a passés seul avant l'ouverture de la tutelle.

L'annulation des actes postérieurs à l'ouverture de la tutelle résulte de l'article 502 du Code civil. Ces actes sont nuls « de droit », ce qui signifie que le tribunal de grande instance n'a aucun pouvoir d'appréciation. Il ne peut refuser d'annuler l'acte au motif que celui-ci ne serait pas lésionnaire ou qu'il a été passé dans un intervalle lucide. L'annulation est acquise dès lors qu'il est prouvé que l'acte a été conclu après l'ouverture de la tutelle. Un simple rapprochement des dates, en quelque sorte. Cette règle facilite grandement la remise en cause des actes accomplis par le majeur après l'ouverture de la tutelle. Il n'est plus nécessaire de démontrer l'aliénation lors de l'acte, comme c'est le cas en l'absence de régime de protection (v. *supra,* p. 122). L'aliénation mentale est présumée irréfragablement à compter de l'ouverture de la tutelle. Par là, la tutelle est un système très protecteur des intérêts du majeur.

L'annulation des actes antérieurs à l'ouverture de la tutelle s'inscrit dans la même logique de protection accrue du majeur en tutelle. D'après l'article 503 du Code civil, l'annulation suppose la preuve que la cause qui a justifié l'organisation d'une tutelle – l'altération des facultés mentales – existait notoirement à l'époque de l'acte litigieux. Ainsi la mise en tutelle facilite-telle l'annulation des actes passés antérieurement, car la preuve à rapporter est moins contraignante qu'en l'absence de régime de protection. Il suffit de démontrer *qu'à l'époque* à laquelle l'acte a été passé, les facultés du majeur étaient déjà altérées.

d. Les limites à l'incapacité du majeur en tutelle

Le souci de personnaliser le régime de protection conduit notre Code à poser deux limites à l'incapacité du majeur en tutelle. D'une part, l'article 501 du Code civil permet au juge des tutelles, soit dans la décision qui ouvre la tutelle, soit dans un jugement postérieur, de prévoir que le majeur pourra continuer de faire lui même certains actes juridiques (v. *supra,* p. 125). Il s'agit de restituer au majeur en tutelle une capacité partielle à la mesure de sa lucidité. En pratique, il s'agit d'actes simples qui, sans présenter de grands risques patrimoniaux, donnent au majeur en tutelle le sentiment d'une certaine autonomie. Mais la Cour de cassation décide que le majeur en tutelle ne peut se voir restituer par le juge, au titre de l'article 501, le droit de voter lors des consultations électorales (Civ. 1re, 9 nov. 1982, *D.* 1982, p. 388, note Massip). D'autre part, la jurisprudence considère que la majeur en tutelle conserve la possibilité d'accomplir les actes de la vie courante (v. *supra,* p. 115). La Cour de cassation admet, en effet, que cette dérogation à l'incapacité des mineurs (art. 450 C. civ.) s'applique également au majeur en tutelle (Civ. 1re, 3 juin 1980, *Gaz. Pal.* 1981, p. 172).

3 - Fin de la tutelle

La tutelle prend évidemment fin au décès de la personne protégée. En outre, d'après l'article 507 du Code civil, elle prend fin avec les causes qui l'ont déterminée, c'est-à-dire en cas de disparition de toute altération mentale, ce qui est peu probable, ou en cas d'amélioration de l'état du majeur permettant d'envisager une mesure de curatelle ou de sauvegarde de justice. Le juge doit alors rendre un jugement de mainlevée de la tutelle qui sera, à son tour, publié au répertoire civil et mentionné en marge de l'acte de naissance du majeur.

C - La curatelle

La curatelle est un régime de protection intermédiaire qui se situe à mi-chemin entre la tutelle et la sauvegarde de justice. C'est un régime de semi-capacité. La curatelle s'adresse à deux catégories bien distinctes de majeurs. La première concerne les majeurs dont facultés sont diminuées et qui ont besoin d'être conseillés. On parlait autrefois des simples d'esprit, des demi-fous; leur état mental leur permet une relative autonomie et il serait injuste de les soumettre à un régime aussi radical que la tutelle. La seconde catégorie de majeurs susceptibles d'être placés sous curatelle concerne le prodigues, les intempérants et les majeurs oisifs, autant de manies ou de vices qui ne font pas bon ménage avec une gestion patrimoniale astucieuse. La paresse n'est d'ailleurs pas, au plan patrimonial, l'état le moins dangereux. À la différence de la tutelle, la curatelle n'est pas un régime de représentation. Le tiers qui est adjoint au majeur n'agit pas à la place de celui-ci, mais il le conseille et agit avec lui. La curatelle est un régime d'assistance. On présentera rapidement la procédure de mise sous curatelle (1) et les effets de cette mesure (2).

1 - La procédure de mise sous curatelle

On applique, en principe, les mêmes règles que pour la tutelle (art. 509 C. civ.). Il suffit donc de préciser que le curateur est désigné par le juge des tutelles; que l'époux est curateur de son conjoint, sauf si la communauté de vie a cessé entre eux, ou si le juge en décide autrement; et qu'il n'y a pas de conseil de famille. La décision de mise sous curatelle fait l'objet des mêmes formalités de publicité que la décision d'ouverture d'une tutelle.

2 - Les effets de la curatelle

Le principe est que le majeur conserve d'assez larges pouvoirs, car il n'est frappé que d'une incapacité partielle. L'assistance du curateur est obligatoire pour les **actes de disposition**, et ceux qui y sont assimilés. Le curateur doit donc être présent à l'acte aux côtés du majeur. Mais en pratique, on admet la validité d'une autorisation donnée à l'avance. Encore faut-il que celle-ci soit écrite, et détaillée.

En tout état de cause, le consentement du majeur est toujours nécessaire, et le curateur ne peut agir seul, si le majeur refuse d'accomplir l'acte. Il a même été jugé qu'est nulle la vente conclue par le curateur avec l'autorisation du juge des tutelles, lorsqu'elle porte sur un bien que le majeur refusait de vendre (Civ. 1re, 24 mai 1989, *Gaz. Pal.* 1990, p. 90, note J. Massip; Civ. 1re, 10 juill. 1990, *Bull.* I, n° 193, p. 137; *Rép. Defrénois* 1990, I, 1305, obs. J. Massip). Au plan juridique, la solution est justifiée car la curatelle n'est pas un régime de représentation. Le consentement du majeur est donc nécessaire. En opportunité, cette solution respecte parfaitement la personnalité de l'incapable, ce que l'on ne peut qu'approuver.

À défaut d'assistance, l'acte est nul de nullité relative. L'action appartient à la personne protégée et à celui qui aurait dû donner son consentement: le curateur. L'action se prescrit par cinq ans, mais la nullité n'est pas de droit comme dans la tutelle. Le juge dispose ainsi d'un pouvoir d'appréciation (Civ. 1re, 16 oct. 1985, *D.* 1986, p. 154, note J. Massip). Comme toute nullité relative, elle peut être confirmée ou approuvée. La confirmation émane du majeur assisté du curateur. L'approbation résulte, quant à elle, du consentement donné par le curateur postérieurement à l'acte.

À la différence de la tutelle, seuls les actes passés par le majeur sans l'assistance du curateur après l'ouverture de la curatelle encourent l'annulation. Il est impossible d'agir en nullité des actes que le majeur aurait effectués seul avant l'ouverture de la curatelle (Civ. 1re, 29 nov. 1983, *Gaz. Pal.* 1984, p. 269, obs. J. Massip), sauf à prouver l'existence d'une aliénation à l'instant même de l'acte (v. *supra,* p. 122).

Quant aux **actes conservatoires** et aux **actes d'administration**, le majeur peut les accomplir seul, sans l'assistance du curateur. Mais comme dans la sauvegarde de justice (v. *supra,* p. 129), ces actes pourront faire l'objet d'une action en rescision pour lésion ou en réduction pour excès (art. 510-3 C. civ.). Une difficulté est apparue en jurisprudence en ce qui concerne l'activité bancaire du majeur en curatelle. La Cour de cassation admet que la délivrance d'une carte de crédit nécessite l'accord du curateur (Civ. 1re, 21 nov. 1984, *D.* 1985, p. 297, note Lucas de Leyssac). Il en est de même d'une ouverture de crédit consentie par la banque (Versailles, 29 avr. 1988, *D.* 1989, 521, note J.M.). En revanche, il semble que le majeur en curatelle puisse procéder seul à des dépôts bancaires.

Qu'il s'agisse des actes de disposition ou des actes d'administration, il faut signaler enfin que l'article 511 du Code civil permet au juge des tutelles d'énumérer certains actes que le majeur en curatelle conservera la possibilité de faire seul. Inversement, le juge peut ajouter certains actes à la liste des actes normalement interdits.

La curatelle prend fin de la même manière que la tutelle, c'est-à-dire par le décès du majeur, ou par une décision du juge des tutelles. Le jugement de mainlevée est alors publié dans les mêmes conditions que le jugement d'ouverture.

Lire aussi

- Bauer M. et Fossier Th., *Les tutelles : protection juridique et sociale des enfants et des adultes*, 2e éd., ESF, 1996, préf. J. Hauser
- Fossier Th., « Vingt-cinq ans de protection des majeurs », *JCP*, éd. not. 1993, doct., p. 164
- Geffroy C., « La protection tutélaire des majeurs en matière personnelle », *JCP* 1993, I, 3724
- Langé D., « Le conjoint de l'aliéné », *RTD civ.* 1984, p. 33
- Lefebvre-Teillard A., *Introduction historique au droit des personnes et de la famille*, PUF, coll. « Droit fondamental », 1996, nos 350 et s.
- Massip J., « Les majeurs protégés », tome I, *Rép. Defrénois*, 1994, préf. J. Carbonnier

Index alphabétique

Table des matières

Conception graphique : Atelier 33
6, rue Béranger
92240 Malakoff

PHOTOCOMPOSITION : SARL SAINT-CYR COMPO - CAHORS (LOT)

705217(I) OSB-S 80g CYR

IMPRESSION, BROCHAGE
IMPRIMERIE CHIRAT
42540 ST-JUST-LA-PENDUE
SEPTEMBRE 2003
DÉPÔT LÉGAL 2003 N° 9285

BIBLIOTHÈQUE DE L'UNIVERSITÉ PARIS NORD
Av. J.-B.-Clément
93430
VILLETANEUSE

IMPRIMÉ EN FRANCE